法律专家为民说法系列丛书

法律专家
教您如何打外贸纠纷官司

吴链链 编著

吉林文史出版社

图书在版编目（CIP）数据

法律专家教您如何打外贸纠纷官司/吴链链编著. — 长春：
吉林文史出版社，2015. 3（2018. 1 重印）
（法律专家为民说法系列丛书/张宏伟，吴晓明主编）
ISBN 978-7-5472-2734-3

Ⅰ. ①法… Ⅱ. ①吴… Ⅲ. ①对外贸易 – 经济纠纷 –
案例 – 中国 Ⅳ. ① D922.295.5

中国版本图书馆 CIP 数据核字（2015）第 044425 号

丛 书 名	法律专家为民说法系列丛书	
书 名	**法律专家教您如何打外贸纠纷官司**	
编 著	吴链链	
责任编辑	李相梅	
责任校对	宋茜茜	
封面设计	清 风	
美术编辑	李丽薇	
出版发行	吉林文史出版社	
地 址	长春市人民大街 4646 号 邮编：130021	
网 址	www.jlws.com.cn	
印 刷	北京一鑫印务有限责任公司	
开 本	720mm×1000mm 1/16	
印 张	12	
字 数	100 千	
版 次	2018 年 1 月第 3 次印刷	
书 号	ISBN 978-7-5472-2734-3	
定 价	29.80 元	

法律专家为民说法系列丛书

编委会

主　编：

张宏伟　　吴晓明

副主编：

马宏霞　　孙志彤

编　委：

迟　哲	赵　溪	刘　放	郝　义
迟海英	万　菲	秦小佳	王　伟
于秀生	李丽薇	张　萌	胡金明
金　昊	宋英梅	张海洋	韩　丹
刘思研	邢海霞	徐　欣	侯婧文
胡　楠	李春兰	李俊焘	刘　岩
刘　洋	高金凤	蒋琳琳	边德明

PREFACE

【前言】

　　经济全球化的加剧，大大加快了国际经济，世界各个国家参与经济全球化的进程与国际分工的重要工具之一就是国际贸易的开展。20世纪90年代开始，世界经济在经济全球化的推动下，资本得到迅速积累。国际经济的发展呈现出了不同的特点。

　　随着我国改革开放和经济建设的步伐加快，生产力不断提高，发展水平也不断提高，越来越多的中国企业试着调整自己的产业结构，根据国家的宏观经济政策和财政货币政策，逐渐走出国门，将自己的市场定位于国际市场。我们知道我们于2001年正式加入了世界贸易组织（WTO）。这对于我们国家来说不仅是机遇更是挑战，可以说是一把双刃剑。

　　我国企业在进行国际贸易的时候，从发盘、询盘、定价等前期的合同谈判过程，到中间合同签订的时候，包括选择贸易术语、结算方式、合同的制作，再到后期合同的执行、终止、索赔等，相比内贸来说，风险等要大得多。因此，我们需要加强对于这方面的知识，用于更好地为国际贸易的开展保驾护航。

本书主要围绕外贸过程中会遇到的一些问题重点展开，以国际贸易买卖合同的基本条款为出发点，从商品的名称、质量、数量、包装、运输、保险、结算方式、检验检疫、违约与索赔、不可抗力、仲裁这些基本条款入手，结合案例分析，其中每个案例都是笔者在外贸公司从事法务工作时精心挑选的案例。

本书分别从案例展示、专家解析、专家支招这三方面展开，晓之以情、动之以理，用通俗易懂的语言深入浅出地剖析问题，尽量使读者对外贸纠纷有一个基本了解和理解。

希望本书的出版能够真正帮助读者解决工作中的难题，使外贸企业在今后的业务操作中更加规范合法，从而减少不必要的纠纷和诉讼。

目 录
CONTENTS

前言 ·· 001

1.商品的名称与质量 ··· 001

2.商品的数量 ··· 005

3.商品的包装 ··· 009

4.商品的运输 ··· 013

5.商品的运输保险 ··· 028

6.商品的结算方式 ··· 051

7.商品的检验检疫 ··· 066

8.违约与索赔 ··· 070

9.不可抗力 ··· 076

10.仲裁 ··· 081

11.贸易术语 ··· 090

12.单据 ··· 100

13.出口信用保险 ………………………………………… 112

14.滞期与速遣 …………………………………………… 118

15.船舶与航程 …………………………………………… 127

16.换单 …………………………………………………… 132

17.各类保函 ……………………………………………… 138

附录:联合国国际货物销售合同公约 ………………… 149

1.商品的名称与质量

案例 1：

某地 A 公司是一家专门制造纸张然后出口至东南亚国家的外贸企业，其与 B 国的 C 公司一直存在着交易往来，双方的信任度也是相对于其他企业较高。有一单业务中，合同里约定的商品名称是"手工制造书写纸"（Handmade writing paper），但是 B 国的 C 公司收到货物后，经过专门的检验机构检验，发现部分纸张为"机器制造的书写纸"（Machine-made writing paper）。于是就来信要求某地 A 公司按照合同约定进行赔偿，B 国的 C 公司认为某地 A 公司提供的向银行议付的单据均显示货物是手工制造书写纸，已经构成了严重的违约。而某地 A 公司却拒绝赔偿。

案例 2：

我国某出口公司与欧洲某地的一家公司签订了国际货物买卖合同，数量为 4000MT，单价为每吨 CIF345/USD，装港为天津港，卸港为比利时安特卫普港，品质规格为：水分含量最高为 10%，颗粒大小为 30mm，交货品质以中国检验检疫局作为最终依据。合同中没有对交货的品质不符买方可以直接拒收货物做出约定。货物装运前由中国检验检疫局制作和颁发合格证书。货物到达比利时安特卫普港后，欧洲某地的这家公司委托当地的检验机构对货物进行检验，发现货物的品质与合同约定的严重不符,水分含量高达 20%,颗粒大小为 50mm。于是不想接收货物,并且根据卸港的检验报告向我国某出口公司进行索赔,我国的出口公司坚决不赔偿,于是欧洲某地的这家公司请求中国国际贸易促进委员会对外贸易仲裁委员会仲裁此案。

专家解析:

案例 1 中合同约定的品名为"手工制造书写纸"(Handmade writing paper),但是货到目的港后发现部分货物为"机器制造书写纸"(Machine-made writing paper)。某地 A 公司作为卖方就应该向买方承担赔偿责任。按照合同的条款解释,手工制造书写纸按照行业标准来说,就是要求全部的工序都是由人工来完成,而实际的检验结果却发现部分货物为"机器制造书写纸"(Machine-made writing paper)。

案例 2 中合同没有对交货的品质不符买方可以直接拒收货物做出约定。货到比利时安特卫普港后,发现货物的品质与合同约定的严重不符,卖方已经构成了严重违约。但是,案例中的买方不能拒收货物,因为在国际货物买卖的交易中,很多会涉及港口作业费,如果买方拒收货物,卖方很可能会被收取高昂的滞期费等。因此,买方不能拒收货物,但是可以根据合同约定向卖方索赔。

专家支招:

在国际货物买卖合同中,商品的名称和质量是买卖双方签订和履行合同的重要依据,买卖双方必须在国际贸易买卖合同明确约定商品的名称与质量。

商品的名称可以在国际货物买卖中表述为 Name of cargo、Name of goods、Name of commodity,也是法律上常说的标的物(Subject)。一般来说,商品的品名与质量会影响进出口企业的报关、入检等手续。想要履行正常的报关手续,商品的品名、材质、重量、箱数、型号、尺寸必须正确。如像鞋子这类的商品,根据目的口岸的不同,一般都需要注明什么类型的鞋子、尺码、皮面还是布面,有些目的口岸还需要注明是什么底。国家一般都会对进口的商品要求相对出口来说,较为严格。像有些品名也会涉及关于进出口退税的问题。如国家一般不鼓励钢材产品的半成品出口,钢坯就是半成品。钢坯的出口税要收25%。有些钢材产品变成了合金产品,例如加了铬或者硼,国家就会有相应的出口退税。因此,我们与外商签订国际货物买卖合同的时候,需要将品名的内容进行具体明确,最好是使用国际上通用的名称,符合行业标准,并且结合自己的运输要求和关税缴纳需要选择合适的品名。

商品的质量(Quality)会根据不同的商品做不同的要求,有时候也可以称为商品的品质。一般包括内在质量和外在质量。内在质量包括货物的机械性能、化学性能、化学成分、生物特性等。外在质量包括规则、大小、色泽、颗粒、款式、光滑度等类似于这样的质量。合同中也会对这些质量的要求做出详尽的约定。我国法律及《联合国国际货物销售合同公约》规定:卖方交货必须符合合同约定的质量,如果卖方交货不符合合同约定的品质条件,买方有权要求损害赔偿,也可以要求修理或者交付替代货物,甚至拒收货物和撤销合同。

对于进口企业来说,严把商品质量关可以满足国内消费者对商品的需求,还可以符合国内经济建设、社会发展的需要。对于出口企业来说,严把商品质量关,可以在国际市场上树立一定的声誉,增加自己国家的外汇收入,维护自己的国家形象,因此,不管是进口企业还是出口企业,都需要加强对商品质量的把关,严格按照国际上通用的货物品质标准生产和进口,在今后激烈的市场竞争中脱颖而出。

商品品质的表示方法有很多种,这里介绍几种重点的表示方法。一种是凭规格(Specification)买卖,商品规格是指一些足以反映商品品质的主要指标,如化学成分、含量、纯度、性能、容量、长短、粗细等。不同的商品会有不同的规格,合同中需要明确约定。例如,LED 灯中的顺向电流、反向电压、消耗功率、工作温度、储存温度等。又如汽车用品内部小饰品的尺寸、重量、材质(棉料还是皮料)等要点。

一种是凭等级(Grade)买卖,商品等级一般是指同一件商品的不同品质,如大、中、小;重、中、轻;甲、乙、丙;A、B、C 等通用字符表示。例如钢材产品的等级 A、B、C,例如冰冻鸭肉,分为特级(大于等于 1500 克)、大级(大于等于 1000 克)、中级(大于等于 600 克)、小级(大于等于 400克)。

一种是凭标准买卖,商品的标准一般来说是国家或者政府相关部门指定,也有可能是某些行业协会或者国际组织指定,不同的商品会有不同的标准。有些标准是法律强制性规定的,有些则是买卖双方可以通过合同进行约定。在我们国家,标准也是到处可见,主要有 5 种:企业标准、行业标准、地区标准、国家标准、国际标准等。企业标准是企业制定和发布的,并且在该企业的范围内统一使用的标准。行业标准,根据《标准化法》的规定,行业标准是由国家各主管部门、委(局)批准发布,在该部门范围内统一使用的标准。地区标准是由省、自治区、直辖市标准化行政部门统一编制的计划、组织制定、编审、编号和发布的。国家标准是指国家标准化主管机构发布的,对全国的经济、技术发展具有重大意义的,在全国范围内施行的统一的标准。国际标准就是由国际标准化主管部门制定的在全球范围内施行的统一的标准。

一种是凭商标(Trademark)买卖。商标一般是用来区分不同的生产者和制造者的。卖方应该根据商品商标应有的品牌品质交货。商标根据其使用程度可以分为普通商标、驰名商标。根据其使用目的来分,可以分为联合商标、防御商标、证明商标和集体商标。

关于商品货物品质的约定应该在合同中尽量做到精准、言简意赅。切不可使用"约""大约""左右""合理误差"这类有争议的词汇,以免在今后的交货上引起品质的纠纷。

2.商品的数量

案例 3:

某进出口公司在当地属于纳税大户,当地政府也是十分支持公司的发展。有一次,这家进出口公司向非洲地区出口 1000 台电视机,其结算方式为即期信用证,贸易术语为 CFR,装港为中国某港口,卸港为非洲某港口。这家进出口公司在中国某港口装港时,发现有 30 台电视机存在严重损坏的现象,但是货物已经在装港集港,来不及回工厂更换。为了保证货物的质量,公司的负责人要求回工厂更换,但是货代说,根据《跟单信用证统一惯例》规定,即使合同未规定货物数量的溢短装条款,数量上还是可以允许有 5%的增减。因此,这次公司少交了 30 台,也就少交了货物总数量的 3%,也在《跟单信用证统一惯例》规定的数量溢短装范围内,不会对交货产生实质性的影响。但是,公司却遭到了银行的拒付。这是为什么呢?

案例4：

　　某地某出口公司主要从事将内地的货物出口至东南亚,如越南、缅甸、泰国、新加坡等国家或地区。2012 年 12 月 23 日,公司向泰国出口一批棉布。总的数量为 3 万米,合同上约定这 3 万米分别需要有红、黄、蓝三种颜色的棉布各 1 万米, 并且约定了总数量的溢短装条款为 10% 的增减。装港为中国某主港,卸港为泰国某主港,贸易术语为 CFR,单价为 120USD/ 米, 结算方式为开立以某地某公司为受益人的即期信用证。该货物如合同的约定日期到达了卸港泰国某主港,但是实际客户收到的货物为红色棉布 12000 米,蓝色棉布 8000 米,黄色棉布 10000 米。于是客户就拒收货物,认为蓝色的棉布和红色的棉布都超过了合同约定的溢短装 10% 增减的幅度, 但是某地某公司认为他们交付的货物数量符合合同的约定,总的数量还是 3 万米,没有超过合同的溢短装条款约定的 10% 的增减幅度,拒绝赔偿客户的损失。

专家解析：

　　案例 3 中的货代所说,根据《跟单信用证统一惯例》规定,即使合同未规定货物数量的溢短装条款, 数量上还是可以允许有 5% 的增减,是正确的。但是其对整件包装的货物是不适用的,如案例中的电视机。如果是大米等货物,即使在合同中未约定溢短装条款,还是可以适用《跟单信用证统一惯例》中关于合同货物数量 5% 增减的溢短装条款。

　　案例 4 中的棉布买卖, 虽然货物总的数量还是满足了合同约定的数量溢短装条款, 但是红色的棉布超过了合同约定的溢短装条款 10% 的增减幅度,买方有权向卖方索赔并且可以解除合同。

专家支招：

在国际货物买卖合同中，商品的数量也是买卖双方签订和履行合同中的重要依据之一，买卖双方必须在国际贸易买卖合同明确约定商品的数量及其溢短。如果卖方交付的货物数量少于合同规定的数量，买方有权要求卖方补交货物或者要求损害赔偿。如果卖方交货的数量多于合同约定的数量，买方可以接受也可以拒收多交的部分。

货物的数量是指用一定的度量单位计算的重量、体积、数量、容积等，会因为商品的不同而采取不同的计量单位。如按照重量（Weight）计算，单位有公吨（Metric Ton 简写为 MT）、公斤（Kilogram 简写为 KG）、磅（Pound）等。按照数量（Quantity）计算，单位有件数（Piece）、双（Pair）、套（Set）等。按照体积（Volume）计算，单位有立方米（Cubic meter）、立方尺（Cubic foot）等。按照容积（Capacity）计算，单位有公升（Litre）等。

这里需要区分几个容易混淆的概念。一般来说，当货物涉及包装的时候就会涉及到净重与毛重（G.W. / N.W.）。毛重（Gross Weight）是指商品本身的重量加包装的重量。净重（Net Weight）是指商品本身的重量，即扣除包装的重量。

有些货物的计算方式不同，如实计（On the actual weight）、理计（On the theoretical weight）。实计称重指货物在装港或者卸港的过磅重量。装港的实重和卸港的实重可以产生一个磅差，国际货物买卖合同中可以约定一定的磅差，根据不同的交易对象、交易习惯、商品特性来定，如千分之三或者千分之五，一般来说不会过大，因为对于进口商来说，在磅差的范围内，他是不能针对合同的数量问题向出口商进行索赔的。如国际货物买卖合同中约定的装港与卸港之间的磅差为千分之五，那么在装港和卸港之间实际过磅称量出来的数量差如果在千分之五的范围内，出口商可以不赔偿。如果在装港和卸港之间实际过磅称量出来的数量差超出了千分之五的范围，进口商就可以向出口商要求扣减千分之五的磅差之后的差额。

理计就是按照货物的理论公式计算重量，一般来说都是针对规格、尺寸相对固定的产品，如钢板、钢管等产品。如钢板可以根据它的体积计算重量，量出其长、宽、高就能根据公式算出其体积了。

有些货物出口至国外，因为其特殊的性质，往往会有一定的数量幅度，我们就称之为溢短装条款（More or less clause），也就是说出口商可以根据这一条款，根据自己的需要多交或者少交货物总数量的百分之几。根据《跟单信用证统一惯例》规定，即使合同未规定货物数量的溢短装条款，数量上还是可以允许有 5% 的增减，也就是说《跟单信用证统一惯例》将合同数量的溢短装默认为 5% 的增减。但是货物数量以包装单位或者个体计算时，就不能适用该条规定了。

一般情况下，国际货物买卖合同中的溢短装条款是由卖方决定的（At seller's option），也有可能是由买家决定或者由船东决定，因为，国际货物买卖中经常会遇到涉及航运、租船等，船的容量等都是限制装船的重大因素。在行情遇到上涨的情况下，卖方可以根据自己的交易需要少装货物，在行情下跌的时候，卖方也可以根据自己的交易需要多装货物。同样的规则，也适用由买方决定货物数量的情况。

3.商品的包装

案例 5:

我国某进出口公司向欧洲某国家出口开心果 3 公吨。双方之间的国际货物买卖合同中约定,开心果用纸箱装,每箱 20 千克,内装 15 小盒,每盒 1 千克。装港是天津新港,卸港为欧洲某港口,贸易术语为 CIF,单价为 18 美金。我国某进出口公司交货时,由于此种包装的货物稀缺,于是我国某进出口公司将小包装更改了,还是每箱 20 千克,但是内装 20 小盒,每盒 0.5 千克。货到目的港后,欧洲某国家某进出口公司就以货物的包装不符合合同的约定为由,拒绝接收货物。但是我国的某进出口公司认为主要交付的货物数量与合同约定的数量是相符的,包装的问题不能实质性地影响合同的履行,因此,欧洲某国家的进出口公司不能拒绝接收货物。

请问,欧洲某国家的进出口公司可以拒收货物吗?

案例 6:

我国某进出口企业主要以出口钢材产品为主,现与东南亚某国家的一家贸易商签订了国际货物买卖合同,装港为中国大连港,卸港为泰国某主要港口。CIF 条件成交,以即期信用证结算,合同中同时也约定了货物的唛头(Shipping mark)需要由我国的某进出口公司出具。因此,我国某进出口公司在备货的时候就按照合同的要求将货物的唛头标价好,但是在发货前,外商致电要求合同中的唛头换一个,并且将此要求开进了信用证中。请问,如果你是我国某进出口公司的负责人,你遇到这样的情况该如何处理?

专家解析:

案例 5 中我国某进出口公司所交付的货物的包装与合同中约定的货物包装不同,根据《联合国国际货物销售合同公约》第 35 条第 1 款的规定:卖方交付的货物必须与合同所规定的数量、质量和规格相符,并须按照合同所规定的方式装箱或包装。由此可见,我国某进出口公司的行为已经违反了双方约定的货物买卖合同中的约定,已经构成了违约,欧洲某国家的进出口公司有权在货到目的港后拒绝接收货物。我国的进出口公司由于是责任方,应该立即向欧洲某国家的进出口公司道歉,以求得对方的谅解。必要时,应该向欧洲某国家的进出口公司保证,由此产生的更换包装的费用由自己承担,甚至承担由此造成的一些直接损失等。

案例 6 中的结算方式由于是即期信用证,而且外商将更换唛头的要求写进了信用证,如果我国某进出口公司不按照外商的要求更换唛头的话,拿着单据去银行议付的时候就会造成不符点,银行就会拒付货款给我国的某进出口公司。但是,双方约定的货物买卖合同又是另外一种唛头,因此我国的某进出口公司作为卖方可以要求买方也就是外商根据合同的要求修改信用证。如果外商坚持不改信用证,我国的某进出口公司也可以根据外商的要求更换唛头,但是由此产生的更换唛头的费用和船舶船期延误的费用需要由外商来承担。

专家支招:

一般来说,按照合同的约定,卖方所交付的货物都需要符合合同的约定,不管是内贸也好,外贸也罢。按照一些国家的法律规定,如果卖方所提供或者交付的货物,没有按照合同中约定的货物包装方式进行包装(Packing)或者没有按照法律或者按照行业的包装规定进行包装的话,买方确实是有权拒绝接受货物的。

根据《联合国国际货物销售合同公约》第三十五条第一款的规定:卖方交付的货物必须与合同所规定的数量、质量和规格相符,并须按照合同所规定的方式装箱或包装。

除了散货装和裸货(Nude cargo)的货物外,因为要涉及海运,周期长,不稳定性高、气候变化大,也是出于便于运输的需求考虑,国际上的货物买卖都是需要包装的。

包装一般都要求必须坚固、结实、耐用并且具有良好的适航性。如防漏、防潮湿等特性。

根据包装的件数可以分为单件的运输包装和集合运输的包装。单件的运输包装主要是指以件为单位的包装,如包、箱、盒等。集合的运输包装主要是指以集装箱(Container)包装的运输,主要是指有标准尺度和强度、专业运输业务中周转使用的大型装货箱。

随着中国经济的不断发展,我国进出口贸易也越来越频繁,从而使集装箱的使用在市场上也得到更广泛的应用,例如使用集装箱转运货物,可直接在发货人的仓库装货,运到收货人的仓库卸货,中途更换车、船时,无须将货物从箱内取出换装。在通往港口的公路上经常会看到装在大货车上的一个很大的长方形铁皮箱子,那就是集装箱。里面装着货物,可以用专门集装箱吊车把整个集装箱从这个车上吊到另一辆车上,也可以吊到港口中转场,然后吊上船,规格都是统一的,中转非常便捷。

运输包装标志（Transport package mark）是指在货物的运输包装明显处书写、印刷一定的图形或文字，以供人们识别或提醒人们操作时注意的标志。运输包装标志主要分为运输标志、危险标志、警告标志灯。其中的运输标志（Shipping mark），又称为唛头，包括收货人名称的缩写、参考号码、目的港名、货物件数等。有的运输标志还包括原产地、合同号、许可证号和体积与重量等内容。运输标志的内容繁简不一，由买卖双方根据商品特点和具体要求商定。

在装运港，作为出口商需要进行相应的报关报检，因此务必要求进口商也就是客户提供正确的唛头，因为海关检查出口货物的时候需要核对单据上的主要指提单唛头和货物实际出运的唛头是否一致，如果不一致就有可能影响正常的货物出运速度。

在目的港，唛头对于收货人收货也是十分重要。现在的航运非常发达，目的港的货运代理一般是根据最终出具的提单上的唛头进行拆箱分货的工作。如果单据上特别是提单上的唛头与实际货物的唛头不一致，将无法及时地分货，也会影响客户的收货时间。

国际货物买卖合同中订立包装条款的时候，需要注意的是进口商与出口商要充分考虑货物的特点和运输方式，如易碎物品就需要草料等垫舱来保护货物。

有些国家会对进出口货物的包装提出特殊要求，如美国、菲律宾等。

为了今后避免在包装上引发不必要的纠纷，国际货物买卖合同中的包装条款需要具体且明确，交货时买卖双方不能随意改变自己的包装方式、包装材料、每件包装所含商品的数量重量以及唛头等运输标志，免得货到目的港后与单据上的唛头不符合，找不到真正的货物及收货人。

4.商品的运输

案例 7：

我国某进出口企业是著名的钢材贸易商，主要负责将我国钢厂的钢材产品出口至世界各地。现在有一单业务，是某钢材产品，对外表和内在的质量要求相对较高。装运港为中国某主港，卸货港为韩国某主港，贸易术语为 CFR，也就是说我国的进出口企业作为卖方不需要负责运输途中货物的保险。合同中也对钢材产品的货物质量要求做了相应的规定，表面不能有锈蚀，包装完整。货到付款。

货到目的港后，买方收到货物后发现，这批钢材产品的表现存在严重的水渍锈迹，且很多产品都有凹痕。于是买方就拒绝向卖方付款。作为卖方的我国某进出口公司认为当初船公司签发的提单是清洁提单，这就表明货物的质量表面看来是没有问题的，完全符合合约中关于货物质量的约定。而且双方交易的贸易术语为 CFR，意味着买方需要承担货物的保险。此次交易中，是因为船舶的原因才导致钢材产品表面锈蚀，因此，买方应该直接向船东索赔。

案例 8：

某国某出口企业出口一批货物到欧洲某国家，由出口企业派船，贸易术语为 CFR，于是某国某出口企业就租了一条船，负责将货物运输到欧洲某港口。国际货物买卖合同中约定的提单为清洁提单，标明运费已付。实际上,某国某出口企业并未向船东支付运费。货到目的港后,出口企业一直拖着运费不给。于是船东就扣押了这批货物。现在买方也要求出口企业交付货物。请问,你要是出口企业的负责人,你该怎么处理此次事件?

专家解析:

案例7中的货物买卖合同已经对货物的质量要求做了明确的约定,即货物表面不能有锈蚀、凹凸痕迹。但是货到目的港后却发现货物的外在质量有问题,但是船东签发提单的时候已经对货物的质量做了表面的检查,才能签发清洁提单。唯一能解释这个问题的就是,货物在运输途中受到了毁损。也就是说船公司需要对这批货物的质量承担赔偿责任。当然,在这个案例中的交易术语为CFR,保险的承担者为买方,但是这个案例中的买方却偏偏没有投保保险。如果船公司的赔偿不能涵盖买方的损失,卖方作为货物的出卖者还是应该赔偿买方的相关损失。

案例8中的交易条件为CFR,也就是说由卖方负责租船,负责将货物运送到目的港。卖方负责运输,提单上也是标明了"运费已付"而非"运费到付"。这两者的区别就是"运费已付"是货物到达目的港前将运费支付完毕,"运费到付"是货物到目的港后将运费支付完毕。一般情况下,运费的支付情况会直接在租船合同中进行约定,特护情况下,买卖双方也会在货物买卖合同中约定运费的分担问题。本案例中货物买卖合同中并没有对相关运费的支付进行约定,那就是说运费应该在租船合同中体现,现在提单上注明的是"运费已付",这就说明卖方应该在货物到达目的港前将运费付清。现在船东扣货也是有依据的,这种情况下,出口企业必须立即付清相关的运费,并且应该按照货物买卖合同的约定赔偿买方因自己迟延交货遭受的损失。

专家支招：

　　货物运输在国际贸易领域是十分重要的，特别是海运。国际货物的运输主要有海洋运输、铁路运输、航空运输、多式联运等。海洋运输由于其风险小、成本低、运输量大、道路不受限制的特点，一直深受进出口企业的喜爱。但是同样，海洋运输的缺点也是显而易见的，它较容易受到天气的影响，运输速度较慢、运输安全性不够高等。

　　海洋运输根据营运方式还可以分为班轮运输和租船运输，相比较而言，进出口企业比较喜欢班轮运输。班轮航线是船舶按照固定的时间表、固定的航线，并且针对固定的港口费率向承租人收取固定的费用。费用主要包括货物在装运港产生的费用、货物在目的港产生的费用、货物在运输途中产生的费用和其他附加费用。附加费用很繁琐，种类很多，这里列举几种：燃油附加费（Bunker Surcharge or Bunker Adjustment Factor，缩写是 BAF）、货币贬值附加费（Devaluation Surcharge or Currency Adjustment Factor，缩写是 CAF）、绕航附加费（Deviation Surcharge）、苏伊士运河附加费 （Suez Canal Surcharge）、转船附加费 （Transhipment Surcharge）、直航附加费 （Direct Additional）、港口拥挤附加费（Port Congestion Surcharge）、超重附加费（Heavy-Lift Additional）、超长附加费（Long Length Additional）、洗舱费 （Cleaning charge）、熏蒸费（Fumigation charge）、冰冻附加费（Ice Surcharge）、选择卸货港附加费（Optional Fees or Optional Additional）、变更卸货港附加费（Alteration charge）。

　　租船运输又称为不定期船运输，相当于班轮运输的对立面，也就是说船舶按照不固定的时间表、不固定的航线，并且针对不固定的港口费率向承租人不固定的费用。其运输计划和运输航线完全是根据货物的品质,承租人和货主之间的协议而定。根据租船协议(Charter party,简称C/P),出租船的一方当事人为出租人,承租船的一方当事人为承租人、租家。

租船运输可以分为期租(Time charter)和程租(Voyage charter)。期租主要是船东或者出租人将船舶的一定时间租给承租人,在这段时间内,承租人可以要求船舶去到任何地方,不受航程的限制。程租主要是指船东或者出租人将船舶的一定航程租给承租人,在这段航程内,承租人可以要求船舶运输货物。

目前来说使用最多的是程租,又称为航次租船。一般是为了运输大宗货物,或者是因为班轮航线无法满足货物运输的需要。承租人也可能是为了转租。

在航次租船合同中,运费按所承运的货物数量计算,与航程所用的时间无关,出租人承担了时间风险。出租人因而希望尽早完成约定的航程,以便投入下一航次,赚取更多的运费。为此,出租人在运输过程中将尽力速遣,而无须在航次租船合同中规定出租人的速遣义务。但是,由于在航次租船合同中,货物的装卸作业由承租人负责,出租人则无法控制货物的装卸所耗费的时间。为了促使承租人尽快完成装卸作业,航次租船合同无一例外订有装卸时间及滞期费条款。承租人如果未在装卸时间内完成装卸,须向出租人支付约定的滞期费,以补偿出租人的损失。在班轮运输中,由于货物的装卸一般由承运人负责,班轮运费已包括装卸费用,无须规定托运人装卸时间与支付滞期费的义务,因而,提单背面条款中一般没有装卸时间及滞期费条款。

航次租船合同必须采用书面形式(我国《海商法》第43条),实践中多以标准格式合同为基础,加以增删或修改而订立。其中最著名和通用的是金康租约的版本(GENCON),统一杂货租船合同,此格式由 BIMCO

（波罗的海国际海运理事会）制订，并经 1922 年、1976 年、1994 年三次修订。到目前为止，国际使用较多的仍是 1976 年格式。此格式在很多条款上，比较明显地维护出租人的利益。它可适用于各种航线和各种货物的航次租船，目前在世界上采用最广，我国进出口的航转租承租人多用这一格式。

出租人负责船舶营运并负担费用。船舶出租人通过其雇用的船长、船员占有控制船舶，除货物装卸费有可能另有约定外，其他船舶营运费用，如燃料费、港口费以及船舶的维持费用，包括船员工资、伙食、船舶维修保养、保险、检验等费用，均由出租人负担。承租人对船舶或舱位有使用权，即使货未装满、出租人也无权装运第三人的货物。

航次租船合同的主要条款都必须具备：如船舶说明（Description of Vessel）条款；预备航次（Preliminary Voyage）条款；船东责任（Owners Responsibility）条款；运费支付（Payment of Freight）条款；装卸（Loading/Discharging）条款；滞期费和速遣费（Demurrage & Despatch）条款；销约（Cancelling）条款；留置权（Lien clause）条款或租船人责任中止条款（Cesser Clause）；提单（Bill of Lading）条款；双方互有碰撞责任条款（Both-to-Blame Collision Clause）；新杰森条款（New Jason Clause）；共同海损条款（General Average Clause）；仲裁条款（Arbitration Clause）；佣金条款（Brokerage Commission Clause）；罢工条款（Strike Clause）；战争条款（War Risks Clause）；冰冻条款（Ice Clause）。

除了海洋运输，国际货物买卖的运输方式还有铁路运输、航空运输和国际多式联运。

铁路运输，是一种陆上的运输方式。它在整个运输领域中占有重要的地位，并发挥着愈来愈重要的作用。受气候和自然条件影响较小，且运输能力及单车装载量大，运输的经常性和低成本性占据优势，再加上有多种类型的车辆,使它几乎能承运任何商品,几乎可以不受重量和容积的限制,而这些都是公路和航空运输方式所不能比拟的。但是其也有相应的缺点,如铁路运输的铁路线路是专用的,固定成本很高,原始投资较大,建设周期较长;铁路按列车组运行,在运输过程中需要有列车的编组、解体和中转改编等作业环节,占用时间较长,因而增加了货物在途中的时间;铁路运输中的货损率较高,而且由于装卸次数多,货物损毁或丢失事故通常比其他运输方式多;不能实现"门对门"的运输,通常要依靠其他运输方式配合,才能完成运输任务,除非托运人和收货人均有铁路支线。

航空运输又称飞机运输,它是在具有航空线路和飞机场的条件下,利用飞机作为运输工具进行货物运输的一种运输方式。航空运输在我国运输业中,其货运量占全国运输量比重还比较小,主要是承担长途客运任务,伴随着物流的快速发展,航空运输在货运方面将会扮演重要角色。

美国的联邦快递、联合包裹空运公司就是全球物流领域的佼佼者,他们通过航空运输有能力在一天之内将货物从航空枢纽送至全球各个地区。这对于那些产品昂贵,同时对时间有严格要求的公司具有很大的吸引力。

航空运输的主要优点是速度非常快,缺点是运输费用相当高。投资额度和运输成本都比较高,固定成本方面包括开拓航线、修建机场和机场维护需要大量资金;可变成本也比较高,主要是由于燃料、飞行员薪水、飞机的维护保养等方面的支出很大。

国际多式联运(International multimodal transport)简称多式联运,是在集装箱运输的基础上产生和发展起来的,是指按照多式联运合同,以至少两种不同的运输方式,由多式联运经营人将货物从一国境内的接管地点运至另一国境内指定交付地点的货物运输。国际多式联运适用于水路、公路、铁路和航空多种运输方式。在国际贸易中,由于85%—90%的货物是通过海运完成的,故海运在国际多式联运中占据主导地位。

这里需要解释一下什么是新杰森条款（Jason clause / New Jason clause 杰森条款 / 新杰森条款）。由于美国存在判例认为:根据哈特法的规定,对于驾驶船舶的过失,船东可以免责,但不能请求货方分摊共同海损的损失,因此美国提单中普遍订立的一种条款（共同海损疏忽条款,General average negligence clause）,在承运人有过失,但根据1893年哈特法（Harter Act 1893）或COGSA无须对货物灭失或损坏负责时,允许承运人从货物所有人处收取共同海损分摊。该名称起源于美国最高法院在The Jason 225 U.S.32（1912）案的判例,该条款根据哈特法得到支持,因而成为杰森条款。该条款在1936年COGSA出现后演变为"新杰森条款",补充规定:当船舶因船长、船员或引航员的过失发生事故而采取救助措施时,即使救助船与被救助船同属于一个船公司,被救船仍需支付救助报酬,该项救助报酬可作为共同海损费用。美国法院已确认上述条款在租船合同中的效力,但是上述条款在班轮运输中的效力尚未明确。

简而言之,杰森条款的内容是在船方存在过失的情况下,仍可要求货方参加共同海损分摊。而相比之下,新杰森条款的"新"字,是指姐妹船救助视为第三方救助,货方对与此相关的费用仍需参加共同海损分摊。

下面我们可以来熟悉一下关于散货船运输和集装箱运输的流程,方便实际海运过程中的操作。

1.散货船运输

1.1 租船流程

1.1.1 询价

买卖合同项下,负责运输的一方(承租人)以其期望的条件通过租船经纪人在租船市场上要求船舶所有人或经营人提供运输劳务（航次租船)或租用船舶(定期租船或光租)的行为。

1.1.2 报价

船东从船舶经纪人那里得到承租人的询价后,经过成本估算,或者比较其他的询价条件,选定对自己有利的条件后,通过租船经纪人向承运人提出自己所能提供的船舶情况和条件。

1.1.3 还价

承租人与船舶所有人之间对报价条件中不能接受的条件提出修改或删减的内容,或提出自己的条件。

1.1.4 报实盘

在一笔租船交易中,经过多次还价和反还价后,如果双方对租船合同条款的意见已渐趋一致, 乙方可以以硬性报价的方式要求对方作出是否成交的决定,即报实盘。实盘中要列举租船合同中的必要条款,即要把双方已经同意的条款在实盘中加以明确, 也要对尚未最后确定的条件加以确定,同时要在实盘内规定有效期,若有效期内未作答复,所报实盘即告失效。

1.1.5 接受订租

一方当事人对实盘所列条件,在有效期内明确表示承诺的意见。至此,租船合同即告成立。原则上,接受订租是租船程序的最后阶段。接受订租后,一项租船洽商即告结束。

1.1.6 签订订租确认书(Fixture Note)

如前所述,接受订租是租船程序的最后阶段,一项租船业务谈判成交后,通常的做法是,当事人之间再签署一份"订租确认书",作为草约,来约定当事人双方的权利和义务。

订租确认书的主要条款包括:订租确认书制定日期;船名(注明可否代替);货物名称及数量;装货港名称及装船期;卸货港名称;运费率或租金率;装卸条款(注明由谁承担装卸费);运费计价币种及支付方式;各方应承担的有关税收;亏舱费的计算;所采用的租船合同范本的名称;其他特殊约定的事项;双方当事人或其代表的签署。

1.2 租约条款简介(与贸易相关条款)

1.2.1 船舶概况

(1)船名

指定船舶(Named vessel)

"指定船舶"即为航次租船合同中明确地记述某一具体船舶的名称,如写明"内燃机船×××轮(M/V ×××)"。若船东最终派遣指定船舶以外的船舶。承租人有权取消合同并要求船东赔偿可能产生的一切损失。如果合同中指定的船舶在来港接受货载途中发生意外事故(如沉没)无法执行运输任务,合同即告解除,双方都不承担责任。

代替船舶(Substitute vessel)

代替船舶是在船舶的指定方面赋予船舶所有人"选择权",即除指定一艘船舶的船名外,还允许船舶所有人选择代替船舶,如写明"内燃机船×××轮,或船舶所有人选择代替船舶(M/V ××× or substitute at owners option)"。不过,船舶所有人所选用的代替船舶的船型、船级、载重吨等有关船舶性能及技术状况的条件,必须与原指定的船舶条件相似。否则,承租人可拒绝接受该艘替代船,并可根据具体情况取消合同和要求赔偿。在履行"替代船条款"的条件下,一旦船舶被指定,船东的"选择权"得到了行使,合同当事人双方的地位就变得和原来在合同中就已指定船舶时的情况一样了,即使船舶灭失或全损,船舶所有人也不再承担另行指派其他代替船舶的义务。

船舶待指定(Vessel to be named)

如在签订租约时无法确定船名,经双方当事人同意,在开始履行航次租船合同前的适当时间,由船东确定具体船舶并通知承租人(通常事先约定"待指定船舶"的具体条件、性质及技术规范)。在船舶待指定的情况下,航次租船合同中不再有"代替船条款",因而即使指定的船舶因某种原因不能执行航次租船运输任务时,船舶所有人也不必另派代替船舶。

(2)船籍(Nationality of vessel)

在航次租船合同中需要指定船舶的国籍,主要是从正好自上的和船、货安全的需要考虑的。同时,保险公司对于不同国籍船舶(尤其是方便旗船)所装运的货物,在保险费率上可能区别对待。

(3)船舶吨位(Tonnage of vessel)

船舶吨位是船舶规范资料之一,除表示船舶的大小和载运能力,与船载货物的数量有密切关系外,还与港口费用、运河通行费用等有密切关系,分为总吨、净吨和载重吨。总吨、净吨是指总登记吨位和净登记吨位,是与统计和计算港口费用和运河通行费有密切关系的吨位。载重吨是指船舶达到允许最大吃水所能装载的重量。净载重吨是船舶总载重吨中除去船员及装备的重量,以及燃油、淡水、供应品等重量后,实际可以装载货物的最大重量。在租船合同中载明的载重吨的数字是指载货吨,即不包括燃料、物料、备品、淡水、食品等的重量,实际可供装载货物的重量,即指净载重吨,该重量是航次租船中计算运费的依据。

1.2.2 受载期和解约日（Lay day and cancelling date）

受载期是指航次租船合同中所指定的船舶抵达指定的装货港或承租人通过"宣港"最后选定的装货港,已做好装货准备,随时可接受货物装船的期限。如果船舶未能在规定的受载期到达装货港,不仅使承租人可能遭受诸如驳运费、仓储费等一些为准备装货而支付的费用损失,且在市场价格变动的情况下,还可能遭受得不到预期利润的损失。更何况未能按时将货物装船,极有可能构成贸易合同的违约。

解约日是指船舶必须抵达合同中指定的装货港或承租人通过"宣港"最后选定的装货港,并做好接收货物装船准备的最后日期。一般,受载期的最后一天就是解约日。过了解约日后,解除合同的选择权在承租人手里,因此,即使船东已明知不可能在解约日之前抵达装货港受载,在未得到承租人的解约通知前,仍然有义务使船舶继续驶往装货港,否则有可能承担更大的违约责任。

质询条款。船东在知道船舶不可能在解约日之前抵达装货港时,应通知承租人逾期到港受载的时间,并征询承租人是否解除合同和是否同意新订的解除合同日,并规定承租人必须在收到船东通知的连续多少个小时内宣布是否解约。若承租人未在规定的时间内作出选择,则视为放弃解约权,同意船东新的解约日,原租船合同继续有效。

1.2.3 装卸费用分担

装卸费用是指将货物从岸边（或驳船）装入船舱内和将货物从船舱内卸至岸边（或驳船）的费用。航次租船中关于装卸费分担有以下几种:

班轮条款

班轮条款又称船舶所有人负担装卸费用条款,即船舶所有人负责雇佣装卸工人,并负担装卸及堆装费用。也就是说承租人只负责将货物送至码头船舶吊钩下,即可在卸货港船舶吊钩下提取货物。

舱内收货条款(Free In)

舱内收货条款又称船舶所有人不负担装货费条款。在此条款下,在装货港由承租人负担装货费用;在卸货港由船舶所有人负担卸货费。

舱内交货条款(Free Out)

舱内交货条款又称船舶所有人不负担卸货费条款。在此条款下,在装货港由船舶所有人负担装卸费;在卸货港由承租人负担装卸费。

舱内收交货条款(Free In and Out)

舱内收交货条款,又称船舶所有人不负担卸货费条款。在这一条款下,在装卸两港由承租人雇佣装卸工人并负担装卸费用。

舱内收交货和堆舱、平舱费条款（Free in and out, stowed and trimmed）

舱内收交货和堆舱、平舱费条款与班轮条款相反,船舶所有人不负担有关装卸的所有费用，包括雇佣装卸工人及有关装卸费用都由承租人负担。

1.2.4 签发提单

根据租船合同约定的条件,货物装船后,作为货物的收据以及在目的港凭以提取货物的证明,承租人可以要求船长签发提单,这种提单一般称为租船合同下的提单(Charter party B/L)。

租船合同下的提单是根据租船合同签发的,作为一般原则,这种提单应该从属于租船合同。根据租船合同签发提单时,关系人可能非常复杂,比如承租人本身可能不是货主而只是船舶经营人;提单也可能转让给第三者;船方所签发的提单既可能是承租人的提单,也可能是船舶所有人的提单,等等,在实际业务中,需根据不同情况,采用不同的处理方法:

(1)如果船方签发提单给承租人,而承租人本身就是提单持有人,解决船舶所有人和承租人之间争议的依据是租船合同。

（2）如果船方签发提单给承租人，承租人又将提单转让给第三者，当发生争议时，提单的受让人可以依据提单条款直接与船舶所有人交涉。这时，解决船舶所有人与提单持有人之间争议的依据应该是提单，而不是租船合同。但是，提单上规定的承运人的责任要与租船合同规定的责任相符，船舶所有人可以在赔付给提单持有人之后，再向租船人追偿其差额。

（3）如果船方签发的提单不是船舶所有人的提单，而是承租人的提单，而且这种提单也已转给第三者时，解决争议应以提单为依据。但是，由于货物是由船舶所有人的船舶运输的，因此提单持有人仍有权向船舶所有人索赔，船舶所有人当然也不能免责。不过，在这种情况下，船舶所有人可以及时通知承租人，请承租人出面与提单持有人解决。船舶所有人应负的责任，仍以租船合同的规定为限。

1.2.5 留置权条款

留置权是承租人不支付运输、共同海损分摊额和为所装货物的安全支付的费用时，船舶所有人将货物扣留乃至拍卖的权利。承租人不支付上述费用时，船舶所有人可以行使留置权。如果承租人不支付亏舱费、滞期费和滞期损失时，根据事先在租船合同中的约定，船舶所有人也可以行使留置权。

2.集装箱船运输

2.1 集装箱出口运输流程

2.1.1 订舱或托运

根据贸易合同和信用证有关条款的规定，作为发货人的出口商应在正式办理托运手续前，选定班期适当的船舶，填制订舱单或托运单向船公司或其代理人，或多式联运经营人申请订舱或托运，以满足按时将集装箱货物运至目的地的要求。

2.1.2 承运

承运,可以说是对订舱或托运要求的书面确认。对于申请订舱并得到船公司或船公司代理人对订舱要求作出承诺的货物,货主或货运代理人在交运集装箱货物前还须填制集装箱货物托运单向船公司或其代理人办理托运,以得到对订舱的确认。船公司或其代理人审核托运单(对于经过订舱的货物,还须与订舱单核对),确认无误后,在装货单(场站收据副本〈1〉)上签章,以表明承运货物,然后将装货单退还给货主或货运代理人。货主或货运代理人即可持装货单向海关办理货物出口报关手续。

2.1.3 发放空箱

通常,集装箱是由船公司向货主无偿提供用于装运货物的。在整箱货的情况下,船公司或其代理人在接受订舱、承运货物后,即签发集装箱发放通知单,连同集装箱设备交接单一并交给托运人或货运代理人,便于货方据以到集装箱堆场或内路站提取空箱。货主或集装箱货运站提取空箱,都须事先缮制设备交接单(出场)。

2.1.4 货物装箱

货主或货运代理人托运的货物既可能是整箱货,也可能是拼箱货。在整箱货的情况下,由货主自行办理货物出口报关手续,在海关派员监装下,由集装箱货运站将分属于不同货主但流向相同的零星货物装箱,拼装为整箱货。

2.1.5 整箱货的交接和签收

不论是由货主自行装箱的整箱货物,或由集装箱货运站拼装的整箱货物,最终都须送交集装箱码头堆场等待装船。在整箱货的情况下,发货人将自行装箱并施加铅封的重箱,连同按装箱顺序缮制的装箱单和事先缮制的设备交接单(进场)以及场站收据,通过内陆运输送交集装箱码头堆场,集装箱码头道口业务员会同内陆运输的卡车司机对进场的重箱检验后,双方签署设备交接单,集装箱堆场则在核对订舱清单、场站收据和装箱单后,接收货物并在场站收据上签字,然后将经过签署的场站收据退交发货人凭以换取待运提单。在拼箱货的情况下,除由集装箱货运站拼箱,并负责缮制装箱单和设备交接单等有关集装箱的货运单据外,其他程序与整箱货相同。

2.1.6 换取提单

发货人收到经集装箱货运站或集装箱堆场的经营人签署的场站收据后,即可凭场站收据向承运人要求换取待运提单或其他多式联运单证,然后根据信用证规定的条件去银行结算货款。

2.1.7 装船

集装箱进入集装箱码头后,码头根据待装船集装箱货物的流向和装船顺序编制集装箱装船计划或积载计划,在船舶到港前将待装船的集装箱移至集装箱前方堆场,按顺序堆码于指定的箱位,船舶到港后,即可顺次装船。

2.2 集装箱进口货运程序

卸港的船公司代理人接到装港的船公司代理人寄来的有关运输单证后联系集装箱码头、堆场和货运站,对船舶进港和卸箱做好准备,船舶到港后,组织卸箱和集装箱在堆场的存放,或在集装箱货运站进行拆箱。

此外,船舶到港前,船公司在卸港的代理人应向收货人发出进口货物到港通知书,以便收货人事先做好提货前各项准备工作。收货人知道船舶即将到来后,应尽快在银行赎回正本提单,再凭提单和到货通知书,到船公司的代理人那里,办理提货手续,换取提货单。收货人或其代理人办妥货物进口报关等例行手续后，即可凭提货单到指定地点提取货物。在交付集装箱或货物时，集装箱堆场或货运站的经营人还须会同收货人或其代理人检查装箱单或货物的外表状况，双方在记载了交货时间、货物状况的记录单上签字，作为交接证明，各执一份。

5.商品的运输保险

案例 9：

　　某国某进出口公司向欧洲国家出口一批器材，贸易术语为 CIF，进出口公司作为卖方，负责货物的运输保险，投保的是海运货物平安险。但是天有不测风云，载货的轮船在航行中发生碰撞事故，部分出口器材遭受到了破损。另外，公司还向美国出口一批器材，也是以贸易术语 CIF 成交，作为卖方，也要负责货物的运输保险，投保的是海运货物水渍险，但也是天有不测风云，在船舶的运送途中，由于遭受了暴风雨的袭击，船身颠簸，货物相互碰撞，发生部分损坏，后来船舶又遭遇到不幸搁浅，经过拖救脱险。请问，上述货物的货损是否该由保险公司进行承担赔偿责任呢？

案例 10：

　　我国某进出口企业专门出口手工制作的玩具到东南亚国家，有一单国际货物买卖中，以贸易术语 CIF 成交，也就是这家进出口公司作为卖方需要负责货物运输的保险，于是这家进出口公司向保险公司关于此单货物买卖投保了一切险，自我国的进出口公司的仓库到目的国的公司的仓库为止。合同中约定，投保的金额为"按照发票金额的总值另外加10%"。卖方进出口公司在货物装船后，已经凭借具体的提单、保险单据、发票、装箱单、品质检验证书等单证向买方的开证银行收取了货款。后来由船舶承载的这批货物在到达目的港之前遭遇了风险，全部货物损毁。当买方凭借着卖方提供的保险单据向保险公司要求赔偿发票金额的110%的价值时，保险公司拒绝赔付。请问，买方有无权利要求保险公司多支付发票总金额10%的金额呢？为什么？

专家解析：

案例9中的出口欧洲国家的出口器材的部分损失是由运输工具也就是船舶在海上发生了碰撞而造成的意外事故，根据卖方某国某进出口公司向保险公司投保的海运货物平安险的保险责任来说，保险公司应该负责"由于运输工具遭受搁浅、触礁、沉没、互撞、与流冰或者其他物体碰撞以及失火爆炸等意外事故而引起的部分损失"。本案例中的出口器材所遭受的损失显然是属于承保的意外事故引起的损失，理应由保险人，即保险公司负责相应的货物损失的赔偿。而该国某进出口公司向美国出口的这批货物的损失，则是由于船舶遭受自然恶劣气候而导致全部损失，而不负责部分损失。但是卖方进出口公司投保的是平安险，其承保责任又规定，对于运输工具曾经遭受搁浅、触礁、沉没、焚毁等意外事故的，在这之前或者在这之后因恶劣气候等自然灾害造成的部分损失，保险公司予以补偿。所以案例中的出口美国的货物器材虽然是由于自然灾害造成的部分损失，但是因为货物的载货轮船在该航行中遭受搁浅，且船舶搁浅时货物仍然在船上，因而保险公司对该出口美国的器材货物所遭受的损失应该予以赔偿。

案例 10 中根据情况分析,买方有权利要求保险公司赔偿这多出的发票金额的 10% 的价值。保险公司需要支付货物的 110% 的金额。在国际货物买卖中,保险加成是一种通常的做法。保险公司允许投保人,也就是案例中的卖方按照货物发票总金额加成投保,习惯上是加成 10%,当然,加成的多少份额是可以由保险公司与投保人之间进行协商确定的,不限于 10%,也可能稍高或者稍低。在国际商会出台并且制定的《国际贸易术语解释通则》中,关于 CIF 成交的保险问题,卖方的责任规定如下:卖方应该自费向信誉卓著的保险公司或者保险人投保有关交易货物的运输中的海洋险,并且取得保险单,这项保险,应该投保平安险,保险金额应该包括 CIF 价另加 10%。

这里有个问题,案例中的保险是由卖方向保险公司投保,为什么是由买方出面向保险公司进行索赔呢?因为在 CIF 的合同中,虽然是由卖方向保险公司投保,负责支付保险费用并且领取保险单据,但是在卖方提供符合合同约定的议付单据后,包括提单、发票、装箱单、保险单等,获取买方支付的货款时,这些单据包括保险单据已经合法、有效地转让给了买方。因此,买方有权作为保险单据的合法受让人和持有人,也就享有了保险单据的全部权利义务,包括超出发票金额总值的保险价值的各项权益都应该是属于买方的。因此,在该案例中,保险公司有权拒绝向卖方赔付任何金额,也有义务向买方赔付包括 10% 加成在内的全部保险金额。

专家支招:

相比较国内贸易来说,进出口国际贸易的风险相对来说比较大,货物在长途运输、装卸、储运过程中都会产生较大的风险,一般情况下,都会需要向保险公司投保。保险起到了经济补偿的作用,为了未来的风险买单,具有分散风险、补偿损失的功能。

从经济角度看,保险是分摊意外事故损失的一种财务安排;从法律角度看,保险是一种合同行为,是一方同意补偿另一方损失的一种合同安排;从社会角度看,保险是社会经济保障制度的重要组成部分,是社会生产和社会生活"精巧的稳定器";从风险管理角度看,保险是风险管理的一种方法。

保险主体,就是保险合同的主体,只包括投保人与保险人。投保人,是指与保险人订立保险合同,并按照保险合同负有支付保险费义务的人。投保人可以是自然人也可以是法人。保险人,又称"承保人",是指与投保人订立保险合同,并承担赔偿或者给付保险金责任的保险公司。在中国有股份有限公司和国有独资公司两种形式。保险人是法人,公民个人不能作为保险人。被保险人,是指根据保险合同,其财产利益或人身受保险合同保障,在保险事故发生后,享有保险金请求权的人。投保人往往同时就是被保险人。受益人,是指人身保险合同中由被保险人或者投保人指定的享有保险金请求权的人,投保人、被保险人可以为受益人。如果投保人或被保险人未指定受益人,则他的法定继承人即为受益人。保单所有人,拥有保险利益所有权的人,很多时候是投保人、受益人,也可以是保单受让人。

被保险人、受益人、保单所有人,除非与投保人是同一人,否则,都不是保险主体。但是很多情况下,被保险人、受益人、保单所有人与投保人是同一人。

保险并非是所有的风险都会经过保险公司的认可并且投保的,一般来说需要有可保利益。可保利益又称为保险利益,是指投保人或者被保险人对保险标的具有法律上的承认的经济效益。保险利益是保险合同有效的必备要素之一,也就是说,如果没有保险利益,保险合同是不能生效的。国际货物运输的保险利益与国内的保险稍有不同,国内的保险需要在保险合同成立的时候保险标的具备保险利益,而国际货物运输保险利益则需要在保险标的发生损害时具备保险利益。

国际货物运输保险的承保范围可以分为风险与损失,风险又分为海上的风险与外来的风险,损失则分为部分损失和全部损失。

海上风险在保险界被称为海难,包括海上发生的自然灾害和意外事故。自然灾害是指由于自然界的变异引起破坏力量所造成的灾害。海运保险中,自然灾害仅指恶劣气候、雷电、海啸、地震、洪水、火山爆发等人力不可抗拒的灾害。意外事故是指由于意料不到的原因所造成的事故。海运保险中,意外事故仅指搁浅、触礁、沉没、碰撞、火灾、爆炸和失踪等。

搁浅,是指船舶与海底、浅滩、堤岸在事先无法预料到的意外情况下发生触礁,并搁置一段时间,使船舶无法继续行进以完成运输任务。但规律性的潮汛涨落所造成的搁浅则不属于保险搁浅的范畴。

触礁,是指载货船舶触及水中岩礁或其他阻碍物(包括沉船)。

沉没,是指船体全部或大部分已经没入水面以下,并已失去继续航行能力。若船体部分入水,但仍具航行能力,则不视作沉没。

碰撞,是指船舶与船或其他固定的,流动的固定物猛力接触。如船舶与冰山、桥梁、码头、灯标等相撞。

火灾,是指船舶本身,船上设备以及载运的货物失火燃烧。

爆炸,是指船上锅炉或其他机器设备发生爆炸和船上货物因气候条件(如温度)影响产生化学反应引起的爆炸。

失踪,是指船舶在航行中失去联络,音讯全无,并且超过了一定期限后,仍无下落和消息,即被认为是失踪。

外来风险一般是指由于外来原因引起的风险。它可分为一般外来风险和特殊外来风险。一般外来风险是指货物在运输途中由于偷窃、下雨、短量、渗漏、破碎、受潮、受热、霉变、串味、沾污、钩损、生锈、碰损等原因所导致的风险。特殊外来风险。是指由于战争，罢工，拒绝交付货物等政治，军事，国家禁令及管制措施所造成的风险与损失。如因政治或战争因素，运送货物的船只被敌对国家扣留而造成交货不到；某些国家颁布的新政策或新的管制措施以及国际组织的某些禁令，都可能造成货物无法出口或进口而造成损失。

损失按照程度的不同，可分为全部损失和部分损失。

全部损失简称全损，是指被保险货物在海洋运输中遭受全部损失。从损失的性质看，全损又可分为实际全损和推定全损两种。

实际全损，又称绝对全损，是指保险标的物在运输途中全部灭失或等同于全部灭失。例如，载货船舶遭遇海难后沉入海底，保险标的物实体完全灭失。保险标的物的物权完全丧失已无法挽回。例如，载货船舶被海盗抢劫，或船货被敌对国扣押等。虽然标的物仍然存在，但被保险人已失去标的物的物权。保险标的物已丧失原有商业价值或用途。例如，水泥受海水浸泡后变硬、烟叶受潮发霉后已失去原有价值。载货船舶失踪，无音讯已达相当一段时间。在国际贸易实务中，一般根据航程的远近和航行的区域来决定时间的长短。

推定全损，是指保险货物的实际全损已经不可避免，而进行施救，复原的费用已超过将货物运抵目的港的费用或已超出保险补偿的价值，这种损失即为推定全损。构成被保险货物推定全损的情况有以下几种：保险标的物受损后，其修理费用超过货物修复后的价值。保险标的物受损后，其整理和继续运往目的港的费用，超过货物到达目的港的价值。保险标的物的实际全损已经无法避免，为避免全损所需的施救费用，将超过获救后标的物的价值。保险标的物遭受保险责任范围内的事故,使被保险人失去标的物的所有权,而收回标的物的所有权,其费用已超过收回标的物的价值。

部分损失是指被保险货物的损失没有达到全部损失的程度。部分损失按其性质,可分为共同海损和单独海损。

共同海损。根据1974年国际海事委员会制定的《约克·安特卫普规则》的规定:载货船舶在海运上遇难时,船方为了共同安全,以使同一航程中的船货脱离危险,有意而合理地做出的牺牲或引起的特殊费用,这些损失和费用被称为共同海损。首先,共同海损的危险必须是实际存在的,或者是不可避免的,而非主观臆测的。因为不是所有的海上灾难,事故都会引起共同海损的。必须是自愿地和有意识地采取合理措施所造成的损失或发生的费用。必须是为船货共同安全采取的谨慎行为或措施所做的牺牲或引起的特殊费用。必须是属于非正常性质的牺牲或发生的费用,并且是以脱险为目的。共同海损行为所作出的牺牲或引起的特殊费用,都是为使船主、货主和承运方不遭受损失而支出的,因此,不管其大小如何,都应由船主、货主和承运各方按获救的价值,以一定的比例分摊。这种分摊叫共同海损的分摊。在分摊共同海损费用时,不仅要包括未受损失的利害关系人,而且还需包括受到损失的利害关系人。

单独海损。是指保险标的物在海上遭受承保范围内的风险所造成的部分灭失或损害,即指除共同海损以外的部分损失。这种损失只能由标的物所有人单独负担。与共同海损相比较,单独海损的特点是:它不是人为有意造成的部分损失。它是保险标的物本身的损失。单独海损由受损失的被保险人单独承担,但其可根据损失情况从保险人那里获得赔偿。根据英国海上法,货物发生单独海损时,保险人应赔金额的计算,等于受损价值与完好价值之比乘以保险金。

下面来介绍下关于各种保险的责任范围,根据我国现行的《海洋运输货物保险条款》(Ocean Marine Cargo Clauses),主要包括责任范围、保险期限、被保险人义务及索赔期限等内容。其中,责任范围又分为基本险的责任范围和附加险的责任范围。

(一)保险责任范围

1.基本险的责任范围

基本险有平安险、水渍险和一切险三种。

(1)平安险(Free from particular average,FPA)

其英文名称直译是"单独海损不赔",它的承保责任范围有6项:①被保险货物在运输途中由于恶劣气候、雷电、海啸等自然灾害造成整批货物的全部损失和推定全损;②由于运输工具遭受搁浅、触礁、沉没、互撞、失火、爆炸等意外事故造成的全部或部分损失;③在运输工具已经发生搁浅、触礁等意外事故的情况下,货物在此前后又在海上遭受自然灾害所造成的部分损失;④在装卸或转运时由于一件或整件货物落海造成的全部或部分损失;⑤由于上述事故引起的共同海损的分摊以及为挽救受险货物和防止或减少货损而支付的合理费用;⑥运输契约订有"船舶互撞责任"条款,根据该条款规定应由货方偿还船方的损失。平安险是三个基本险别中承保范围最小的。

(2)水渍险(With particular average,WPA/WA)

其英文名称直译是"单独海损也赔",其承保的责任范围只是在平安险的基础之上,多了一部分责任,即对海上自然灾害导致货物的部分损失也给予赔偿。即,水渍险的责任范围 = 平安险的责任范围 + 自然灾害的部分损失。

(3)一切险(All risks,AR)

其承保责任范围是在水渍险的基础上再加上货物在运途中由于一

般外来风险所导致的全损或部分损失，即一切险的责任范围 = 水渍险的责任范围 +11 种一般附加险的责任范围。

2.附加险的责任范围

附加险是基本险的扩展，它不能单独投保，而必须在投保基本险的基础上加保，它承保的是外来风险引起的损失。按承保风险的不同，附加险可分为一般附加险、特别附加险以及特殊附加险。

（1）一般附加险（general addition risk）

一般附加险负责赔偿一般外来风险所致的损失。在我国《海运货物保险条款》中，一般附加险有 11 种，其条款内容非常简单，一般只规定承保的责任范围。这 11 种是指偷窃及提货不着险；淡水雨淋险；短量险；混杂、沾污险；渗漏险；碰损及破碎险；串味险；受潮受热险；钩损险；包装破裂险以及锈损险。

1）偷窃提货不着险（Theft，Pilferage and Non-delivery 简称 TPND）：保险有效期内，保险货物被偷走或窃走，以及货物运抵目的地以后，整件未交的损失，由保险公司负责赔偿。

2）淡水雨淋险（Fresh water rain damage）：货物在运输中，由于淡水、雨水以至雪融所造成的损失，保险公司都应负责赔偿。淡水包括船上淡水舱、水管漏水以及汗等。

3）短量险（Risk of Shortage）：负责保险货物数量短少和重量的损失。通常包装货物的短少，保险公司必须要查清外包装是否发生异常现象，如破口、破袋、扯缝等，如属散装货物，往往以装船和卸船重量之间的差额作为计算短量的依据。

4）混杂沾污险（Intermixture and contamination）：保险货物在运输过程中，混进了杂质所造成的损坏。例如矿石等混进了泥土、草屑等因而使质量受到影响。此外保险货物因为和其他物质接触而被沾污，例如布匹、纸张、食物、服装等被油类或带色的物质污染因而引起的经济损失。

5）渗漏险（Leakge）：流质、半流质的液体物质和油类物质，在运输过程中因为容器损坏而引起的渗漏损坏。如以液体装存的湿肠衣，因为液体渗漏而使肠发生腐烂、变质等损失，均由保险公司负责赔偿。

6）碰损破碎险（Clash and heating）：碰损主要是对金属、木质等货物来说的，破碎则主要是对易碎性物质来说的。前者是指在运输途中，因为受到震动、颠簸、挤压而造成货物本身的损失；后者是在运输途中由于装卸野蛮、粗鲁、运输工具的颠震造成货物本身的破裂、断碎的损失。

7）串味险：例如，茶叶、香料、药材等在运输途中受到一起堆储的皮张、樟脑等异味的影响使品质受到损失。

8）受热受潮险（Taint of odour）：例如，船舶在航行途中，由于气温骤变，或者因为船上通风设备失灵等使舱内水气凝结、发潮、发热引起的货物损失。

9）钩损险（Hook damage）：保险货物在装卸过程中因为使用手钩、吊钩等工具所造成的损失，例如粮食包装袋因吊钩钩坏而造成粮食外漏所造成的损失，保险公司在承保该险的情况下，应予赔偿。

10）包装破裂险（Breakage of packing）：因为包装破裂造成物资的短少、沾污等损失。此外，对于因保险货物运输过程中续运安全需要而产生的候补包装、调换包装所支付的费用，保险公司也应负责。

11）锈损险：保险公司负责保险货物在运输过程中因为生锈造成的损失。不过这种生锈必须在保险期内发生，如原装时就已生锈，保险公司不负责任。

（2）特别附加险（special addition risks）

特别附加险所承保的风险大多与国家的行政措施、政策法令、航海贸易习惯有关,其险别主要有交货不到险、进口关税险、舱面险、拒收险、黄曲霉素险、出口货物到香港(包括九龙)或澳门存仓火险责任扩展条款。

1)交货不到险(Failure to Deliver Risk):货物装船后 6 个月之内未运到目的地交货,无论何种原因,保险公司按全损赔付,此险为"交货不到险"。

2)进口关税险(Import Duty Risk):货物受损后,仍须按完好货值完税,保险公司对损失部分的关税负责赔偿。

3)舱面险(On Deck Risk):由于货物装在舱面受气候等不利因素影响而造成的损失。

4)拒收险(Rejection Risk):货物运到目的港被进口国当局拒绝进口或没收造成的损失。

4)黄曲霉素险(Aflatoxin Risk):经进口国检验,如发现货物(粮食或食品等)中有致癌的黄曲霉素则会被拒绝进口或没收,由此造成的损失。

5)出口货物到香港(含九龙)或澳门存仓火险责任扩展条款(简称F.R.E.C.):当货物卸离运输工具后,有的须存放在过户银行指定的仓库内,如果在此存仓期间发生火灾,保险公司负责赔偿由此造成的损失。

(3)特殊附加险(specific additional risks)

特殊附加险主要承保战争和罢工的风险。海运货物战争险承保直接由于战争、类似战争行为和敌对行为、武装冲突或海盗行为所致的损失以及由此引起的捕获、拘留、扣留、禁制、扣押所造成的损失;各种常规武器,包括水雷、鱼雷、炸弹所致的损失;战争险责任范围引起的共同海损的牺牲、分摊和救助费用。罢工险承保货物由于罢工者、被迫停工工人或参加工潮、暴动、民众斗争的人员的行为,或任何人的恶意行为所造成的直接损失和上述行动和行为引起的共同海损的牺牲分摊和救助费用。

1)战争险(War Risk):货物在运输途中由于战争,敌对行为或海盗行为等以及由此引起的捕获、拘留、禁制或扣押造成的损失。

2)罢工、暴动、民变(Risk of Strike Riots and Civil Commotions,简称 S. R.&.C.C.):货物由于罢工、工潮、暴动或民变引起的损失。被保险人投保战争险后,又投保罢工、暴动、民变险,则不另收保险费。

这里我们需要区分一下比较相似的两个险种, 即提货不着险与交货不到险之间的区别。如偷窃、提货不着保险条款可以这样规定:

本保险对被保险货物遭受下列损失,按保险价值负责赔偿:

1.偷窃行为所致的损失;

2.整件提货不着;

3.根据运输契约规定船东和其他责任方免除赔偿的部分。

被保险人必须及时提货,遇有第 1 项所列的损失,必须在提货后 10 日内申请检验;遇有第 2 项损失,必须向责任方取得整件提货不着的证明,否则,保险人不负赔偿责任。

保险人有权收回被保险人向船东或其他有关责任方面追偿到的任何赔款,但其金额以不超过保险人支付的赔款为限。

本条款系本保单约定的货运险条款(以下简称"主险条款")的一般附加险条款。保险责任的成立需受保险单约定的货运险条款的除外责任部分所制约;本条款未尽事宜,以主险条款为准。

提货不着险与交货不到险之间的区别主要有以下 5 点:

1)险种不同:偷窃提货不着险是指在保险有效期内,保险货物遭到偷窃或者运输工具到达目的地后,整件货物短交的损失,保险公司负责赔偿。该险是在基本险的基础上投保的一种一般附加险。交货不到险是指货物从装上运输工具开始,如果不能在预定抵达目的地的规定期限内交货,不论任何原因,保险人按全损负责赔偿。该险属于运输货物保险的特别附加险。

2)损失原因不同:偷窃提货不着险承保整件货物短交的损失,其短交损失可能是由于承运人或者其他第三者责任方在运输过程中的疏忽所致,但按照运输契约等规定,可以享受豁免的部分。交货不到险承保的货物损失往往不是运输上的原因,而是由于政治上的原因造成的。例如巴以武装冲突间的禁运、或者在中途港被另一国强迫卸货等,但对运输险和战争险项下的损失不予负责。

3)投保要求不同:交货不到险的投保人必须出示进口货物所需的所有许可证件,以免因无证不准进口而交货不到;但偷窃提货不着险的投保人则不需要出具上述证件,因为该险通常与政治风险无关。

4)厘定费率考虑的因素不同:在偷窃提货不着险中,保险公司一般根据承运人的业务能力、管理水平、运输航线等因素厘定费率;而在交货不到险中,保险人考虑的主要因素是运输货物的目的地所在国家或地区政治形势及其有关情况等。

5)普及程度不同:根据运输契约的条款规定,对承运人应该承担的责任要求比较宽松。由于承运人的疏忽导致的损失往往可以获得豁免赔偿的权利,这就增加了被保险人赔偿的机会,因此,偷窃提货不着险的投保人较为广泛;相比而言,投保交货不到险的人较少。

(二)选择保险险别

为保证货运的安全,在合理选择险别时应主要考虑以下因素。

（1）根据货物的性质、特点选择相应的险别。例如对价值不高的货物可投保平安险，如果此货属易碎物品，可再加保破碎险。

（2）根据运途中可能遭受的风险和损失而定。

（3）根据船舶所走的航线和停靠的港口不同而定。

（4）根据国际形势的变化而定。对于政局不稳定，有发生战争可能的，就要考虑加保战争险。

（5）根据以往的经验而定。以自己的从商经验和根据保险公司每年总结的货损资料可以确定应选择何种险别投保。

选择投保险别的原则是：既要使货物的运输风险有保障，又要使保险费用的支出减少。因此，要根据货物及其包装的特点、运输工具及方式、运输地区及港口等不同情况来选择投保险别。例如，谷类商品易受水分的影响。经过长途运输，水分可能蒸发，容易导致此类商品短量；此类产品也会吸收空气中的水分，吸收过度或被海水浸入、淡水渗入，容易引起霉烂。这类商品在选择险别时，一般在水渍险的基础上，加保短量险和受潮受热险。再如，液体化工商品，如果用散舱运输，容易发生短量和沾污，应投保短量险和沾污险；如果用铁桶、铁听、塑料桶等做包装，容易发生渗漏，可在平安险的基础上加保渗漏险。

总之，采用中国人民保险公司的保险条款，有平安险、水渍险和一切险三种基本险可供选择，可独立投保这三种险；此外的特别附加险和特殊附加险要在独立投保一种基本险的基础上才能附加投保；至于一般附加险，已在一切险中包含，而平安险、水渍险中未包含，要另外加保。

关于保险相关的代位权，这里也作出详细解释。代位权指保险人享有的、代位行使被保险人对造成保险标的损害而负有赔偿责任的第三人的求偿权的权利。

保险事故发生后,被保险人向保险人请求赔偿保险标的的损失时,若对造成保险事故而导致保险标的的损害负有赔偿责任的第三人享有损害赔偿的权利,应当将该权利依法或者依照保险合同的约定转让给保险人,保险人依保险合同赔偿被保险人的损失后,可以代位行使被保险人所让渡的对第三人的损害赔偿请求权。我国《保险法》第 44 条第 1 款规定:"因第三者对保险标的的损害而造成保险事故的,保险人自向被保险人赔偿保险金之日起,在赔偿金额范围内代位行使被保险人对第三者请求赔偿的权利。"《海商法》第 252 条规定:"保险标的发生保险责任范围内的损失是由第三人造成的,被保险人向第三人要求赔偿的权利,自保险人支付赔偿之日起,相应转移给保险人。被保险人应当向保险人提供必要的文件和其所需知道的情况,并尽力协助保险人向第三人追偿。"

保险期限,一般是根据保险合同,保险公司在约定的时间内对约定的保险事故负责保险责任,这一约定时间就成为保险期限。海上货物运输保险的保险期限一般是以航次来计算,少数情况下会以时间来计算。现在通行的"仓至仓"条款,则是从被保险货物运离保险单所载明的启运地发货人的仓库或存储地到该货物送达至保险单所载明的目的地的收货人的收货区或者存储地。

一般情况下,会有对于保险公司的除外责任,根据《海商法》第 242 条、243 条规定:对于被保险人故意造成的损失,保险人不负赔偿责任。因下列原因之一造成货物损失的,保险人不负赔偿责任:

(1)航行迟延、交货迟延或者行市变化;

(2)货物的自然损耗、本身的缺陷和自然特性;

(3)包装不当。

第 244 条规定:除合同另有约定外,因下列原因之一造成保险船舶

损失的,保险人不负赔偿责任:

(1)船舶开航时不适航,但是在船舶定期保险中被保险人不知道的除外;(2)船舶自然磨损或者锈蚀。

所谓免赔率（Franchise）,是指不赔金额与损失金额的比率。分Deductable franchise/ 绝对免赔率"和"Non-deductable franchise/ 相对免赔率"两种。

绝对免赔率是指保险标的的损失必须超过保单规定的免赔百分数,保险公司负责赔付其超过绝对免赔率的损失部分。

相对免赔率是指保险标的的损失只要达到保单规定的百分数时,保险公司不作任何扣除而全部予以赔偿。

但如果保险标的的损失没有达到这个百分数,保险公司则不予赔偿。法律在允许保险人设立免赔条款的同时,为了保护投保人的利益,规定了保险人对免责条款的明确说明义务来加以平衡。所谓保险人的说明义务,是指保险人在保险合同订立阶段向投保人负担对合同条款进行明确陈述、解释的义务。我国《保险法》第 17 条规定:订立保险合同,保险人应当向投保人说明保险合同的内容。"第 18 条规定:"保险合同中规定保险人责任免除条款的,保险人在订立保险合同时应当向投保人明确说明,未明确说明的,该条款不产生效力。"

目前世界上大多数国家在海上保险业务中直接采用英国伦敦保险协会所制订的"协会货物条款"（Institute Cargo Clause,简称 I.C.C.）。

"协会货物条款"最早制订于 1912 年,后来经过多次修改,最近一次的修改是在 1981 年完成的,从 1983 年 4 月 1 日起实施。伦敦保险协会新修订的保险条款一共有 6 种:

(1)协会货物条款(A)(Institute Cargo Clause A,简称 I.C.C.(A));

(2)协会货物条款(B)(Institute Cargo Clause B,简称 I.C.C.(B));

(3)协会货物条款(C)(Institute Cargo Clause C,简称 I.C.C.(C));

(4)协会战争险条款(货物)(Institute War Clause-Cargo);

(5)协会罢工险条款(货物)(Institute Strikes Clause-Cargo);

(6)恶意损坏条款(Malicious Damage Clause)。

以上 6 种保险条款中,前 3 种即协会货物条款(A)(B)(C)是主险或基本险,后 3 种则为附加险。这里就不详细展开论述了。其中可以列举一下协会货物条款(C)(Institute Cargo Clause C,简称 I.C.C.(C))的相关重要条款:

伦敦协会货物条款(C)

承保范围

风险条款

1. 除下列 4、5、6、7 各条规定责任以外,本保险负责:

1.1 保险标的损失可合理归因于:

1.1.1 火灾或爆炸;

1.1.2 船舶或驳船遭受搁浅、触礁、沉没或倾覆;

1.1.3 陆上运输工具的倾覆或出轨;

1.1.4 船舶、驳船或运输工具同除水以外的任何外界物体碰撞;

1.1.5 在避难港卸货。

1.2 由于下列原因引起保险标的之损失:

1.2.1 共同海损的牺牲;

1.2.2 抛货。

共同海损条款

2. 本保险承保共同海损和救助费用,其理算或确定应根据运输契约和／或有关法律和惯例办理。该项共同海损和救助费用的产生,应为避免任何原因所造成的或与之有关的损失所引起的,但下列 4、5、6、7 各条或本保险其他条款规定的不保责任除外。

船舶互撞条款

3.本保险负责赔偿被保险人根据运输契约订有"船舶互撞责任"条款规定,由被保险人应负的比例责任,视作本保险单项下应予补偿的损失。如果船东根据上述条款提出任何索赔要求,被保险人同意通知保险人,保险人有权自负费用为被保险人就此项索赔进行辩护。

除外责任

一般除外责任条款

4.本保险在任何情况下不负赔偿的责任。

4.1 被保险人故意行为所造成的损失和费用;

4.2 保险标的之自然渗漏,重量或容量自然损耗,或自然磨损;

4.3 由于保险标的之包装或准备不足或不当造成的损失或费用(本条所称的"包装",包括用集装箱或大型海运箱装载的,但该项装载以本保险开始生效前或由被保险人或其受雇人完成的为限);

4.4 由于保险标的本质缺陷或特性造成的损失和费用;

4.5 直接由延迟引起的损失或费用,即使延迟是由承保风险所引起(上述第 2 条可以赔付的费用除外);

4.6 由于船舶所有人、经理人、租船人或经营人破产或不履行债务造成的损失或费用;

4.7 由任何个人或数人非法行动故意损坏或故意破坏保险标的或其任何部分;

4.8 由于使用任何原子或核子裂变和／或聚变或其他类似反应或放射性作用或放射性物质的战争武器造成的损失或费用。

不适航与不适宜除外责任条款

5.5.1 本保险在任何情况下不负下列原因引起的损失和费用：

船舶或驳船不适航；

船舶、运输工具、集装箱或海运集装箱不适宜安全运载保险标的。如果保险标的在装载时，被保险人或其受雇人知道这种不适航和不适当的情况。

5.2 保险人放弃船舶必须适航和适宜将保险标的运往目的地的默示担保，除非被保险人或其受雇人知道这种不适航或不适宜的情况。

战争除外责任条款

6. 本保险在任何情况下不负下列原因造成的过失和费用：

6.1 战争、内战、革命、叛乱、造反或由此引起的内乱，或交战国或针对交战国的任何敌对行为；

6.2 捕获、拘留、扣留、禁制、扣押（海盗行为除外）以及这种行动的后果或这方面的企图；

6.3 遗弃的水雷、鱼雷、炸弹或其他遗弃的战争武器。

罢工除外责任条款

7. 本保险在任何情况下不保下列原因造成的损失和费用：

7.1 罢工者、被迫停工工人或参与工潮、暴动或民变人员；

7.2 罢工、被迫停工、工潮、暴动或民变；

7.3 任何恐怖主义者或者任何人出于政治目的采取的行动。

期限

运输条款

8.8.1 本保险责任自货物运离保险单所载明的启运地仓库或储存处所开始运输时起生效，包括正常运输过程，直至运到下述地点时终止：

8.1.1 保险单所载明的目的地收货人或其他最后仓库或储存处所；

8.1.2 在保险单所载明目的地之前或目的地的任何其他仓库或储存处所，由被保险人选择用作：

8.1.2.1 在正常运输过程之外储存货物，或；

8.1.2.2 分配或分派货物，或者；

8.1.3 被保险货物在最后卸载港全部卸离海轮后满60天为止。

以上各项以先发生者为准。

8.2 如货物在本保险责任终止前于最后卸载港卸离海轮，需转运到非保险单载明的其他目的地时，保险责任仍按上述规定终止，但以该项货物开始转运时终止。

8.3 在被保险人无法控制的运输延迟、任何绕道、被迫卸货、重行装载、转运以及船车或租船人运用运输契约赋予的权限所作的任何航海上的变更的情况下，本保险仍继续有效（仍需按照上述有关保险终止期限和下述第9条的规定办理）。

运输契约终止条款

9. 如由于被保险人无法控制的情况，致使运输契约在非保险单载明的目的地的港口或处所终止，或者运输在按上述第8条规定发货前终止，本保险亦应终止，除非被保险人立即通知保险人并提出续保要求，并在必要时加缴保险费的情况下，本保险继续有效。

9.1 直至货物在该港口或处所出售和交货，或除非有特别约定，在被保险货物抵达该港口或处所后，满60天为止。以先发生者为准，或；

9.2 如果货物在上述60天期限内（或任何约定的延长期限内），继续运往保险单所载明的目的地或任何其他目的地时，保险责任仍按上述第8条的规定终止。

变更航程条款

10. 当本保险责任开始后,被保险人变更目的地,应立即通知保险人,经另行商定保险费和条件,本保险仍然有效。

理赔

可保利益条款

11.11.1 在发生损失时,被保险人必须对保险标的具有可保利益,才能获得本保险单项下的赔偿。

11.2 被保险人有权按照上述 11.1 条的规定,对在本保险期限内发生的承保损失获得赔偿,即使损失发生在本保险契约之前,但在缔约时被保险人已经知道损失发生,而保险人并不知晓者除外。

续运费条款

12. 由于本保险承保的风险,致使保险运输在非保险单载明的港口或处所终止,保险人应偿付被保险人的卸货、存仓和续运保险标的至保险单载明目的地适当而合理产生的任何额外费用。

第 12 条不适用于共同海损或救助费用,并须按照上述 4、5、6、7 各条所载除外责任的规定办理,还不包括由于被保险人或其受雇人的过失、疏忽、破产或不履行债务而引起的费用。

推定全损条款

13. 本保险不负推定全损,除非保险标的实际全损已经不可避免,或者由于恢复、整理以及运送保险标的到保险目的地的费用超过其本身价值,并在保险标的被合理委付情况下,得按推定全损赔偿。

增值条款

14.14.1 如果被保险人对本保险单项下承保的货物办理任何增值保险,则货物的约定价值应视为增至本保险的保险金额加上所有承保该项损失的增值保险的总和。本保险的责任按照本保险金额与总保险金额的比例计算。

被保险人提出索赔时，应向保险人提供所有其他保险单所保金额的证件。

14.2 当本保险承保增值保险时,则适用下述条款:

货物的约定价值应视为等于原有的保险单项下的总保额和被保险人对该项损失投保所有增值保险额的总和。本保险应按其保险金额在保险总额中的比例,承担赔偿责任。

被保险人提出索赔时，应向保险人提供所有其他保险单所保金额的证件。

保险受益

承运人不能受益条款

15. 承运人或其他受托人不得享受本保险的利益。

减少损失

被保险人义务条款

16.当发生本保险承保的损失,被保险人及其受雇人有义务:

16.1 采取合理措施,以避免或减少这种损失,以及:

16.2 保证适当地保留和行使对承运人、受托人或其他第三者追偿的一切权利。

保险人除负责赔偿承保责任内的任何损失外，还应偿还被保险人为履行上述义务产生的任何适当和合理的费用。

放弃条款

17. 被保险人或保险人为施救、保护或恢复保险标的所采取的措施,不应视为放弃或接受委付的表示,或视为影响任何一方的权益。

防止延误

合理处置条款

18.本保险条件之一是被保险人应在任何力所能及的情况下,尽速合理地处置所发生的事情。

法律和惯例

19.本保险受英国法律和惯例管辖

保险单据既是保险公司对被保险人的承保证明,也是双方权利和义务的契约。在被保货物遭受损失时,保险单是被保险人索赔的主要依据,也是保险公司理赔的主要根据。

保险单据基本内容包括发票号码和保单号码;投保人即被保险人名称;货物描述、唛头和件数;保险金额和货币单位;船名、起讫地、预计起运日期;承保险别;理赔地点;出单日期;保险公司签章。

保险单据的分类可以分为保险单、保险凭证、联合保险凭证、预约保险单。

(1)保险单:俗称大保单,是一种正规的保险合同,除载明被保险人(投保人)的名称、被保险货物(标的物)的名称、数量或重量、唛头、运输工具、保险的起讫地点、承保险别、保险金额、出单日期等项目外,还在保险单的背面列有保险人的责任范围,以及保险人与被保险人各自的权利、义务等方面的详细条款,它是最完整的保险单据。保险单可由被保险人背书,随物权的转移而转让,它是一份独立的保险单据。

(2)保险凭证:俗称小保单,它有保险单正面的基本内容,但它没有了保险单反面的保险条款,是一种简化的保险合同。

(3)联合保险凭证:俗称承保证明,它是我国保险公司特别使用的一种更为简化的保险单据,由保险公司在出口公司提交的发票上加上保险编号、承保险别、保险金额、装载船只、开船日期等,并加盖保险公司印章即可,这种单据不能转让。

（4）预约保险单：它是一种长期性的货物保险合同。预约保险单上载明保险货物的范围、险别、保险费率、每批运输货物的最高保险金额以及保险费的结付、赔款处理等项目,凡属于此保险单范围内的进出口货物,一经起运,即自动按保险单所列条件承保。但被保险人在获悉每批保险货物起运时,应立即将货物装船详细情况包括货物名称、数量、保险金额、运输工具种类和名称、航程起讫地点、开船日期等情况通知保险公司和进口商。

6.商品的结算方式

❀　　❀　　❀

案例 11：

欧洲某银行开立一张不可撤销议付跟单信用证,该信用证要求受益人提供 "certificate of origin：A.B.C. Countries"（标明产地为某国家的原产地证明书）。该证经过通支行通知后,在信用证规定的时间被受益人交来了全套单据。在受益人交来的单据中,商业发票上的产地描述为 "certificate of origin：A. Countries",产地证书则是 "certificate of origin：A. B.C. Countries"。议付行审核受益人提交的全套单据后认为,单单、单证一致,于是该行对受益人付款,并且同时向开证行索汇。

开证行在收到议付行交来的全套单据后,认为单单、单证不符：信用证要求的是"certificate of origin：A.B.C. Countries"，而商业发票上的产地描述为"certificate of origin：A. Countries"，有出入，于是明确表示拒付，并且保留所有单据听候处理。那么请问，开证银行的拒绝议付有无依据？

案例 12：

某日，B 银行开立了一张不可撤销的保兑即期信用证，该证的保兑行与通支行均为 A 银行。受益人在接到 A 银行的通知后，即刻备货装运，且将全套单据从 A 行进行相应的议付。A 行审核单据后，发现有两处不符点：其一是没有在规定的时间内装货，其二是单据的提单晚点。于是 A 行与受益人电话联系，征求受益人的意见。受益人要求 A 行单寄开证行并且授权议付。

收到议付行寄来的不符单据，B 行认为其不能接受此两处不符点，并且将此情况通知了开证申请人。开证申请人也认为单据严重不符，拒绝付款。于是 B 行电告 A 行："由于货物迟装运以及单据晚提示的原因，金额为×××的第×号信用证项下的款项被拒付。我们掌握单据听候你们方便处理。我们已与申请人联系，据告他们会直接与受益人协商，请指示。"

A 行受到 B 行电传即告受益人。受益人要求 A 行电告 B 行单据交由 B 行掌握并等待受益人的进一步指示。遵受益人指示，A 行即电告 B 行上述内容。

收到 A 行要求单据交由其掌握，听候受益人进一步指示的电传后，B 行与申请人取得了联系。由于申请人迫切希望得到这批货物，他随即指示 B 行付款。于是 B 行电传 A 行道："你方要求单据交由你方掌握，进一步听候受益人指示的电传已收到，经进一步与申请人联系，他已同意接受不符的单据,并且授权付款,请即对受益人付款,并借记我方开在你处的账户外加所有的银行费用。"

收到 B 银行电传指示,A 行打电话通知受益人。受益人认为他们不能接受。因为在得到申请人拒付的信息后,货物市价突然上涨,他们已将货物以更高的价格转卖给了另一买主。况且对方拒付,他们毫不延迟地作出决定:单据交由 A 行掌握,听候处理。得此信息后,A 银行给 B 银行发了一则电传:"由于你方拒绝接受我方的不符单据,在此情况下,受益人已将货物转卖给另一客商。因此他们不能接受你方在拒绝不符单据后再次接受该单据的做法。此外,据受益人称,申请人已掌握了代表货物所有权的正本提单。我们认为未经我方许可,你方擅自放单的做法是严重违反《UCP600》的规定。"

B 银行电告 A 银行称申请人与其关系极好。该行的放单纯粹是为了有利于争端的解决。B 行认为由于收益人提供的单据与信用严重不符,据其估计该笔业务只能以跟单托收的方法进行。既然申请人随后接受了单据并且支付了货款,B 行在此情况下将提单背书给买方,即将货物所有权转至买方,故 B 行也无须再将全套单据退 A 行掌握。

请问,该如何妥善解决此案?

专家解析:

案例 11 中的争议来源于信用证条款不明确、不完整导致的开证行拒付。在该案例中,在开证行开列的信用证中,受益人要求提供的单据原厂地证书的要求为 A.B.C. Countries,但是并未要求具体是哪一国。在此种情形下,受益人提供的单据中涉及的原产地既可以是 A.B.C 三个国家,也可以是具体指明哪一个国家,只要这个国家是这三个国家中的其中一个即可。如果开证行认为议付行提交的单据不符合信用证中的相关规定，它就应该在开证时将原产地国家的名称予以明确。根据《UCP600》的相关规定，开证行关于开立信用证的指示，信用证本身，修改信用证的指示以及修改书本身必须完整、明确。既然本案例中的开证行指示不是明确的，那么它就应该自己为自己的行为承担相应的责任，因此，本案例中的开证行拒付是不能成立的。

案例12中的开证行B行的做法显然是严重违反了《UCP600》的规定。根据《UCP600》规定：(1)如果开证行及/或保兑行(如已保兑)或代表他们的被指定银行决定拒收单据，则其必须在不迟于自收到单据之日起第5个银行营业日结束前，不延误地以电讯，如不可能则以其他快捷方式，发出通知。该通知应发至从其处收到单据的银行，如直接从受益人处收到单据，则将通知发至受益人。(2)通知必须叙明原因以及拒收单据的所有不符点，还必须说明银行是否留存单据听候处理，或已将单据退还交单人。开证行及/或保兑行(如已保兑)未能按本条规定办理，及/或未能留存单据等待处理或将单据退还交单人，开证行及/或保兑行(如已保兑)则无权宣称单据不符合信用证条款。

由于受益人提供的单据存有严重不符，在此情况下B银行拒绝付款本无可厚非，但错就错在各方尚未对此事达成协议前，B行将此单据放给了申请人。这就严重违反了规定，若其不能遵守单据条款，它就根本无权宣称单据不符合信用证条款。A行既未指示也未提示按托收办理。如果B行想以托收方式进行此项业务的话，它根本就无需电告A行根据跟单信用证统一惯例拒收单据。无论如何B行不能随意地将此业务改为托收，这样做会使人误以为该项业务已受《URC522》国际商会的《托收统一规则》的约束，而非《UCP600》，随之而来的是受益人的权利得不到UCP的保护。

很显然B行的正确做法是要么接受不符单据，若拒收则应保留单据听候处理。

专家支招：

国际结算的方式有很多种，主要有 DP（付款交单）、DA（承兑交单）、TT（电汇）、OA（赊销）、Collection（托收）、L/C（信用证）这几种支付方式。这里一一进行解释。

DP（付款交单）是出口人的交单以进口人的付款为条件，即出口人将汇票连同货运单据交给银行托收时，指示银行只有在进口人付清货款时，才能交出货运单据。按支付时间的不同，付款交单又分为即期付款交单（D/P sight）和远期付款交单（D/P after sight）。

即期交单（D/P sight）指出口方开具即期汇票，由代收行向进口方提示，进口方见票后即须付款，货款付清时，进口方取得货运单据。

远期交单（D/P after sight or after date），指出口方开具远期汇票，由代收行向进口方提示，经进口方承兑后，于汇票到期日或汇票到期日以前，进口方付款赎单。

远期汇票的付款日期又有"见票后××天付款""提单日后××天付款"和"出票日后××天付款"3 种规定方法。但在有的国家还有货到后××天付款的规定方法。

目前国际贸易结算中，各方都遵循国际商会的《托收统一规则》（目前适用的是国际商会出版物第 522 号，实务中简称 URC522），来处理有关 D/P 业务。即期和远期 D/P 的操作流程基本如下：

（1）买方和卖方在合同中约定采用 D/P 方式结算，这是基本条件；

（2）卖方交付货物后准备全部单据（包括货运单证如提单，和商业单证如汇票、发票等）；

（3）卖方向其往来外汇银行提出办理 D/P 托收的要求，填写托收指

示书并交付全部单据;

(4)卖方的外汇往来银行审核接收后收下托收指示书和全部单据,并开具收条给卖方;

(5)卖方往来银行将全套单据分两批寄送买方往来银行(该银行可以由卖方银行指定也可以是卖方在托收指示书中明确,后者居多);

(6)买方银行收到全部单据后将单据向买方进行提示;

(7)买方向买方银行支付款项(即期 D/P 情况),或者买方审核单据后予以承兑并在到期时付款(远期 D/P 的情况);

(8)买方银行在收到买方款项后将全部单据交给买方;

(9)买方银行将收到的款项转交给卖方银行,并由卖方银行转交给卖方。

在 D/P 业务中,银行并不审核单据的内容,银行也不承担付款义务。银行只是提供转交单据、代为提示单据、代为收款转账等服务。在 D/P 出口业务中,出口商应当注意如下重要问题:

(1)D/P 业务中,出口商获得货款的保障是进口商的资信,因此注重进口商的支付能力和商业信誉,是得到款项的重要前提。

(2)在货物交付后,单据从出口商到进口商的流转过程中,要注意透过单据的控制来控制货物,在进口商付款之前,应当牢牢控制单据。

(3)实践中常常出现问题的地方,都是在单据的流转、交接点,即出口商交到银行交接点、卖方银行到买方银行的交接点、买方银行交到进口商的交接点。因此,需要控制好这些交接点,单据要按照规范流转。

(4)尽量采用指示提单的方式。这样可以通过控制提单来控制货物。

D/P 的风险尽管两种情况下进口地银行必须在进口商付款后才能交付单据给进口商,因而两者在法律上的风险应当说是一样的,但是由于商业实践中面临的风险不同, 出口商自行直接向买方指定银行提示付款风险更大。根据国际商会《托收统一规则》的规定,正常的托收做法是出口公司委托其往来银行办理托收,该行为托收行,托收行再自行委托进口商的往来银行或者委托进口商指名的银行办理提示付款等(代收行)。但是,在托收业务中,托收银行并没有义务接受出口商的委托。换言之,在收到托收指示后,银行是有权拒绝办理的。出口商通过自己的往来银行(托收行)办理托收,托收行会安排代收行(无论该行是否为进口商指名,也不论其是否为进口商的往来银行)代为办理提示和收款。托收行对于邮寄托收单证过程中的风险,需要向出口商承担义务。并且,如果在提示付款过程出现任何的问题,托收行会与代收行进行充分有效的联系。

承兑交单(Documents against Acceptance,简写 D/A)是指出口人的交单以进口人在汇票上承兑为条件。即出口人在装运货物后开具远期汇票,连同商业单据,通过银行向进口人提示,进口人承兑汇票后,代收银行即将商业单据交给进口人,在汇票到期时,方履行付款义务。所谓"承兑"就是汇票付款人(进口方)在代收银行提示远期汇票时,对汇票的认可行为,付款人于汇票到期日凭票付款。

承兑交单的程序主要如下:

(1)出口商发货。

(2)出口商填写托收申请书,开立汇票,连同货运单据交托收行,委托其代收货款。

(3)托收行根据托收申请书缮制托收委托书,连同跟单汇票寄交代收行委托代收。

(4)代收行按托收申请书指示向进口商提示跟单汇票。

(5)进口商承兑汇票。

(6)代收行交单。

(7)进口商提货。

(8)进口商到期付款。

(9)代收行办理转账,并通知托收行款已收到。

(10)托收行向卖方交款。

电汇(Telegraph Transfer,简称为"TT"),电汇是汇款人将一定款项交存汇款银行,汇款银行通过电报或电传给目的地的分行或代理行(汇入行),指示汇入行向收款人支付一定金额的一种汇款方式。电汇是汇兑结算方式的一种,汇兑结算方式除了适用于单位之间的款项划拨外,也可用于单位对异地的个人支付有关款项,如退休工资、医药费、各种劳务费、稿酬等,还可适用个人对异地单位所支付的有关款项,如邮购商品、书刊,交大学学费等。

电汇的操作流程主要如下:

(1)汇款人填写电汇申请书,交款付费给汇出行,取得电汇回执。

(2)汇出行发给汇入行加押电报或电传,并将电报证实书寄给汇入行,以便核对电文。

(3)汇入行收到电报,核对密押相符后,缮制电汇通知书,通知收款人取款。

(4)收款人持通知书一式两联到汇入行取款,须在收款人收据上盖章,交给汇入行,汇入行凭以给付汇款。

(5)汇入行将付讫借记通知寄给汇出行,完成一笔电汇汇款。

电汇方式收款较快,但手续费较高,因此只有在金额较大时或比较紧急的情况下,才使用电汇。此外,用电报通知时,资金在途时间很短,汇出银行能占用资金的时间很短,有时甚至根本不能占用资金。

赊销(Open Account,简称为O/A),在国际贸易中是信用销售的俗称。赊销是以买方的信用为基础的货物销售。卖方与买方签订国际货物买卖合同之后,卖方让买方在没有支付货款的前提下取走货物,而买方需要在国际货物买卖合同中约定的付款日期将货物的款项支付给卖方。这种结算方式对于买方来说,既没有风险,还可以先货后款。

托收(Collection)是出口人在货物装运后,开具以进口方为付款人的汇票(随附或不随附货运单据),委托出口地银行通过它在进口地的分行或代理行代出口人收取货款的一种结算方式。属于商业信用,银行办理托收业务时,既没有检查货运单据正确与否或是否完整的义务,也没有承担付款人必须付款的责任。托收虽然是通过银行办理,但银行只是作为出口人的受托人行事,并没有承担付款的责任,进口人不付款与银行无关。出口人向进口人收取货款靠的仍是进口人的商业信用。

如果遭到进口人拒绝付款,除非另外有规定,银行没有代管货物的义务,出口人仍然应该关心货物的安全,直到对方付清货款为止。

托收对出口人的风险较大,D/A 比 D/P 的风险更大。跟单托收方式是出口人先发货,后收取货款,因此对出口人来说风险较大。进口人付款靠的是他的商业信誉,如果进口人破产倒闭,丧失付款能力,或货物发运后进口地货物价格下跌,进口人借故拒不付款,或进口人事先没有领到进口许可证,或没有申请到外汇,被禁止进口或无力支付外汇等,出口人不但无法按时收回货款,还可能造成货款两空的损失。如果货物已经到达进口地,进口人借故不付款,出口人还要承担货物在目的地的提货、存仓、保险费用和可能变质、短量、短重的风险,如果货物转售他地,会产生数量与价格上的损失,如果货物转售不出去,出口人就要承担货物运回本国的费用以及承担可能因为存储时间过长被当地政府贱卖的损失等。虽然,上述损失出口人有权向进口人索赔,但在实践中,在进口人已经破产或逃之夭夭的情况下,出口人即使可以追回一些赔偿,也难以弥补全部损失。尽管如此,在当今国际市场出口竞争日益激烈的情况下,出口人为了推销商品占领市场,有时也不得不采用托收方式。如果对方进口人信誉较好,出口人在国外又有自己的办事机构,则风险可以相对小一些。

托收对进口人比较有利,可以免去开证的手续以及预付押金,还有可以预借货物的便利。当然托收对进口人也不是没有一点风险。如,进口人付款后才取得货运单据,领取货物,如果发现货物与合同规定不符,或者根本就是假的,也会因此而蒙受损失,但总的来说,托收对进口人比较有利。

其实国际货物买卖结算方式下,对于双方来说最安全的当数信用证(Letter of credit 简称为 L/C)。是指开证银行应申请人的要求并按其指示向第三方开立的载有一定金额的,在一定的期限内凭符合规定的单据付款的书面保证文件。信用证是国际贸易中最主要、最常用的支付方式。

按照这种结算方式的一般规定,买方先将货款交存银行,由银行开立信用证,通知异地卖方开户银行转告卖方,卖方按合同和信用证规定的条款发货,银行代买方付款。

信用证在实际操作中可以分为很多种。

(1)以信用证项下的汇票是否附有货运单据划分为:

跟单信用证(Documentary Credit)及光票信用证(Clean Credit)。

①跟单信用证(Documentary Credit)是凭跟单汇票或仅凭单据付款的信用证。此处的单据指代表货物所有权的单据(如海运提单等),或证明货物已交运的单据(如铁路运单、航空运单、邮包收据)。

②光票信用证(Clean Credit)是凭不随附货运单据的光票(Clean Draft)付款的信用证。银行凭光票信用证付款,也可要求受益人附交一些非货运单据,如发票、垫款清单等。

一般情况下,我们会将国际贸易作为单据买卖。因此,在国际贸易的货款结算中,绝大部分使用跟单信用证。

(2)以开证行所负的责任为标准可以分为:

不可撤销信用证(Irrevocable L/C)和可撤销信用证(Revocable L/C)。

①不可撤销信用证(Irrevocable L/C)。指信用证一经开出,在有效期内,未经受益人及有关当事人的同意,开证行不能片面修改和撤销,只要受益人提供的单据符合信用证规定,开证行必须履行付款义务。

②可撤销信用证(Revocable L/C)。开证行不必征得受益人或有关当事人同意有权随时撤销的信用证,应在信用证上注明"可撤销"字样。但《UCP500》规定:只要受益人依信用证条款规定已得到了议付、承兑或延期付款保证时,该信用证即不能被撤销或修改。它还规定,如信用证中未注明是否可撤销,应视为不可撤销信用证。

也就是说,最新的《UCP600》规定银行不可开立可撤销信用证。因此,通常情况下的国际贸易,买卖双方约定的都是开立不可撤销的信用证,最大限度地保护卖方的利益。

(3)以有无另一银行加以保证兑付为依据,可以分为:保兑信用证(Confirmed L/C)和不保兑信用证(Unconfirmed L/C)。

①保兑信用证(Confirmed L/C)。指开证行开出的信用证,由另一银行保证对符合信用证条款规定的单据履行付款义务。对信用证加以保兑的银行,称为保兑行。

②不保兑信用证(Unconfirmed L/C)。开证行开出的信用证没有经另一家银行保兑。

对于卖方来说,保兑信用证中间多了另一家银行的保证,相对来说会比较保险,对于买方来说,保兑信用证可能会涉及相关的银行的费用,不过银行的费用可以在双方签订的国际货物买卖合同中进行相应的约定。一般来说,相比之下,都会选择保兑信用证。

(4)根据付款时间不同,可以分为即期信用证(At Sight L/C)、远期信用证(Usance L/C)、假远期信用证(Usance Credit Payable at Sight)。

①即期信用证(At Sight L/C)。指开证行或付款行收到符合信用证条款的跟单汇票或装运单据后,立即履行付款义务的信用证。

②远期信用证(Usance L/C)。指开证行或付款行收到信用证的单据时,在规定期限内履行付款义务的信用证。

③假远期信用证(Usance Credit Payable at Sight)。信用证规定受益人开立远期汇票,由付款行负责贴现,并规定一切利息和费用由开证人承担。这种信用证对受益人来讲,实际上仍属即期收款,在信用证中有"假远期"(Usance L/C payable at sigh)条款。

对于卖方来说,相对还是比较喜欢接受即期信用证,因为这样就可以及时结汇,自己的资金不会被占用,不过有时候,企业出于融资的需要也会开立远期信用证或者根据银行的信用额度开具假远期信用证,因此,我们在实际操作中应该具体情况具体分析。

(5)根据受益人对信用证的权利可否转让,可分为:可转让信用证(Transferable L/C)和不可转让信用证(Untransferable L/C)。

①可转让信用证(Transferable L/C)。指信用证的受益人(第一受益人)可以要求授权付款、承担延期付款责任,承兑或议付的银行(统称"转让行"),或当信用证是自由议付时,可以要求信用证中特别授权的转让银行,将信用证全部或部分转让给一个或数个受益人(第二受益人)使用的信用证。开证行在信用证中要明确注明"可转让"(Transferable),且只能转让一次。

②不可转让信用证(Untransferable L/C)。指受益人不能将信用证的权利转让给他人的信用证。凡信用证中未注明"可转让",即是不可转让

信用证。

(6)其他信用证的类型,主要有对开信用证(Reciprocal L/C)、背对背信用证(Back to Back L/C)和备用信用证(Standby credit)。

①对开信用证(Reciprocal L/C)。指两张信用证申请人互以对方为受益人而开立的信用证。两张信用证的金额相等或大体相等,可同时互开,也可先后开立。它多用于易货贸易或来料加工和补偿贸易业务。

②对背信用证(Back to Back L/C)。又称转开信用证,指受益人要求原证的通知行或其他银行以原证为基础,另开一张内容相似的新信用证,对背信用证的开证行只能根据不可撤销信用证来开立。对背信用证的开立通常是中间商转售他人货物,或两国不能直接办理进出口贸易时,通过第三者以此种办法来沟通贸易。原信用证的金额(单价)应高于对背信用证的金额(单价),对背信用证的装运期应早于原信用证的规定。

③备用信用证(Standby credit)。又称商业票据信用证(Commercial paper credit)、担保信用证。指开证行根据开证申请人的请求对受益人开立的承诺承担某项义务的凭证。即开证行保证在开证申请人未能履行其义务时,受益人只要凭备用信用证的规定并提交开证人违约证明,即可取得开证行的偿付。它是银行信用,对受益人来说是备用于开证人违约时,取得补偿的一种方式。

一般来说,信用证的大致流程是这样的:买卖双方根据各自的交易需求签订国际货物买卖合同。买方开立以卖方为受益人的信用证,卖方根据买方的开证,在装运港进行装货,然后凭着相关单据,如提单、装箱单、商业发票、质量检验证书和重量检验证书、原厂地证明以及其他单据去银行议付,然后再由银行将货物的单据寄给买方,买方拿着这些单据在货物到达目的港的时候去港口码头提取货物。如此一来,整个以信用证为国际贸易结算方式的流程就走完了。当然，根据不同的贸易术语，买卖双方的进出口报关义务会有不同。

关于信用证我们还需要掌握信用证有效期的相关知识。信用证有效期是作为议付的一个时间。如果卖方没有在信用证规定的有效期内去提交单据议付的话，就不能够得到合同项下的货款了。信用证的有效期一般会取决于两个因素，一个是最迟装运日期，另一个是交单期。信用证有效期不是算出来的，是信用证规定的。

装运期或最迟装运期，即卖方将全部货物装上运输工具或交付给承运人的期限或最迟日期。(提单的出单日期即开船日不得迟于信用证上规定的有效期，若未规定有效期日期，则装运日期不得迟于信用证的到期日)。交单期，即运输单据出单日期后必须向信用证指定的银行提交单据要求付款、承兑或议付的特定期限。(信用证中如有规定，必须在规定的有效期内交单；如没有规定，则最迟于运输单据日期21天内交单；但两种情况下，单据还不得迟于信用证的到期日提交)。

双到期，信用证规定的最迟装运期和议付到期日为同一天，或未规定装运期限，实践上称之为双到期(原则上信用证的到期日与最迟装运期应有一定的间隔，以便承运人有时间办理制单、交单、议付等工作，但如果出现双到期情况，承运人应注意在信用证到期日前提早几天将货物装上运输工具或交给承运人，以便有足够的时间制备各种单据、交单和办理议付等手续)。

关于信用证的不符点，我们也是需要关注的。因为作为卖方，所提交的单据一旦有相应的不符点，就会遭到银行的拒绝议付货款。

产生信用证不符点的情况，根据实际工作经验，可以得出以下几种情形：

(1)信用证含有软条款：软条款使出口商无法执行信用证，或不能获得信用证项下要求的单据，如信用证规定由开证申请人或其他代表签字的检验证，而申请人既不验货又不出具相关证书，则出口商无法提交此单据，不符点因而产生，即使出口商根据银行对单据真实性免责的国际惯例，而自行提供这样一份检验证书(即伪造证书)，又往往遭进口商以欺诈为由向法院申请下达对贷款的止付令。这种条款往往使出口商在业务操作中左右不是，进退两难。

(2)信用证本身的含糊或自相矛盾：这主要是开证行在开出信用证时考虑不周全或开证申请人的疏忽或故意导致，如信用证要求全套正本提单。

(3)信用证修改也有可能引发不符点：这类不符点的产生经常是由于开证行疏漏和受益人忽略对修改内容以外条款的审查引起的。如信用证修改将提单改成要求空运单，而受益人证明未将相关的邮寄提单改换成邮寄空运单。

在以信用证进行结算的企业，我们应该树立信用证的相关意识，从源头上避免向银行议付的时候造成不符点，而收不回自己的货款。

首先，需要做的是要掌握信用证的操作流程及其相关规则。只有胸有成竹，方可自如地运用信用证。

其次，作为出口商，需要了解信用证不符点开证行及客户的资信状况。尽管信用证属基于银行信用的结算方式，但银行信用也分不同等级。信用等级不高的银行往往会与不法进口商沆瀣一气，做出损害出口商的事情。因此要通过卖方银行了解对方的信用等级，以便采取相应措施。

然后，需要明确信用证不符点结算条款。比如应对开证行、信用证金额、信用证的种类、信用证开到卖方的最迟时间等事项做出明确规定，以避免日后买方在申请开证时随意地加列一些出乎卖方意料的单据或要求。要求客户提供开证申请书的副本的目的在于让卖方事先确认信用证条款,这是为避免日后陷入无休止浪费昂贵的时间、费用的一种行之有效的办法。

最后,收到信用证后受益人审证的目的在于确定信用证规定的付款条件是否超出买卖合同的约定,受益人能否满足这些条件,否则就应要求予以改证。在制定单据时,需要做到正确、完整、及时、简明、整洁。并在交单前仔细审核信用证不符点的全套单据,以确保单货相符、单证相符、单单一致。

7.商品的检验检疫

案例 13:

我国某大型国有钢材贸易企业,经营品种涵盖钢铁原料(铁矿石、氧化铁皮、铁精粉、焦炭、焦煤等),粗钢(钢坯、板坯、圆坯、生铁、热压铁块等),有色金属(铜、镍、锰等),建筑钢材,工业线材,型材,带钢,卷材,板材,钢管以及特殊用途钢材等。这一大型国有钢材贸易企业与东南亚国家的一家进出口贸易企业进行了一单贸易往来,双方约定从东南亚某国进口一批氧化铁皮 3000 吨,贸易术语为 CFR,装港为东南亚某国某主港,卸货港为中国某主港。其中装港的对于氧化铁皮的检验检疫由中国检验认证(集团)有限公司(英文缩写 CCIC)进行,并且出具了相关的证书,于是货物顺利装上了船舶,等到快到中国某主港,马上要进行卸货工作的时候,货物被当地的海关拒绝了。海关方面给出的理由是氧化铁皮为固体废弃物,其进口需要由我国的出入境检验检疫局(Entry-Exit Inspection and Quarantine Bureau,简称为 CIQ)进行检验检疫。请问,当地海关的做法正确吗?

案例 14：

我国某进出口公司需要向外国进口一批货物,买卖双方在国际货物买卖合同中约定货物到达目的港后,由卸货港所在地的检验机构进行检验。产品质量必须符合 ISO 标准,否则,买方有权拒收货物。然后,货物在合同约定的期限内到达了目的港。买方雇佣了当地的一家检验机构对货物进行检验,结果发现货物的质量不符合合同的约定。于是就拒收了货物。请问,案例中的买方拒收货物有无依据?

专家解析：

案例 13 中的当地海关的做法是正确的。因为,我国某大型国有钢材贸易公司向东南亚某国家某企业进口的氧化铁皮是固体废弃物,各国家关于其进出口都会有比较严格的规定。在我国,要求氧化铁皮的进出口企业均需要有相应的进出口资质,要取得相应的证书。而且在装运港的检验机构明确规定为中国检验认证(集团)有限公司(英文缩写为 CCIC),而卸货港的检验机构必须为我国的出入境检验检疫局(Entry-Exit Inspection and Quarantine Bureau,简称为 CIQ)进行检验检疫,是属于强制性检验检疫的项目产品。因此,在本案例中的当地海关以企业进口的氧化铁皮没有经过 CIQ 检验为由拒绝其入内是有理由有依据的。

案例 14 中的买方在货物达到目的港后,由其雇佣的检验机构进行检验,然而其检验机构进行检验的标准根据的是国家标准。国际货物买卖合同中对于检验机构的检验标准并没有准确的约定,但是对于货物的质量标准却进行了约定,要其符合 ISO 的标准。该案例中的货物标准,其国家标准与 ISO 标准有出入,不是一致的,因此买方在卸货方得到的检验机构的结果是货物并不符合质量标准。这是一起典型的对于双方的检验标准没有进行约定明确而产生的纠纷。因此,在我们与外商签订国际货物买卖合同中必须明确货物的检验检疫标准。

专家支招:

　　商品检验,又称货物检验,是指在国际货物买卖中,对卖方交付的货物或拟交付的合同规定的货物进行质量、规格、数量、重量、包装等方面的检验,同时还包括根据一国法律或政府法令的规定进行的卫生、安全、环境保护和劳动保护等条件的检验以及动植物病虫害检疫。

　　商品检验是国际贸易发展的产物,是买卖双方在货物交接过程中不可缺少的重要环节。它主要可以通过商品检验确保国际货物买卖双方能够顺利地履行合同的相关权利义务,也能够帮助相关的进出口海关把好进出口货物的质量关口。

　　对进口固体废物,由国务院质量监督检验检疫部门指定的装运前检验机构实施装运前检验;检验合格的,出具装运前检验证书。进口的固体废物运抵固体废物进口相关许可证列明的口岸后,国内收货人应当持固体废物进口相关许可证报检验检疫联、装运前检验证书以及其他必要单证,向口岸出入境检验检疫机构报检。

　　我国的检验检疫机构主要有中国出入境检验检疫局,针对不同的商品采取不同的标准进行检验检疫。CIQ(出入境检验检疫局)的工作职责如下：

（1）贯彻执行出入境卫生检疫、动植物检疫和进出口商品检验法律、法规和政策规定的实施细则、办法及工作规程，负责所在行政区域内出入境检验检疫、鉴定、监督管理等行政执法工作。

（2）负责实施出入境卫生检疫、传染病监测和卫生监督，负责口岸传染病的预防与控制工作，负责出入境人员的预防接种和传染病监测体检的管理工作。

（3）负责实施出入境动植物及其产品和其他检疫物的检验检疫与监督管理，负责动植物疫情监测、调查等工作，实施动植物疫情的紧急预防措施。

（4）负责实施进出口商品（含食品）的法定检验和监督管理，负责实施一般包装和出口危险品货物包装检验，负责进出口商品鉴定管理工作。负责实施外商投资财产鉴定，办理进出口商品复验工作。

（5）负责实施对进出口食品、动植物及其产品等的生产（养殖、种植）、加工和存放等单位的卫生检疫注册，负责实施进出口安全质量许可和出口质量许可工作，负责实施进出口产品和实验室认可、人员注册等工作，并监督管理。

（6）负责实施国家实行进口许可制度的民用商品的入境验证，负责出口、转口商品的有关出境验证。

（7）负责实施出入境交通运载工具和集装箱及容器的卫生监督、检疫监督和有关的适载检验、鉴定，负责出入境交通运载工具、集装箱、包装物及铺垫材料和货物的卫生除害处理的管理工作。

（8）负责执行国家、国务院有关部门和国家出入境检验检疫局签署的有关检疫、检验的国际协议、协定和议定书等，负责技术性贸易壁垒协定和检疫协定的实施工作。

(9)负责签发出入境检验检疫证单和标识、封识,并进行监督管理,负责出口商品普惠制原产地证和一般原产地证的签证工作。

(10)负责出入境检验检疫业务统计,调查和收集国外传染病疫情、动植物疫情和国际贸易商品质量状况,提供有关信息。

(11)负责对各类涉外检验检疫、鉴定和认证机构(包括中外合资、合作机构)以及卫生除害处理机构的监督管理。

(12)承办上级出入境检验检疫局交办的其他工作。

当我们与外商签订国际货物买卖合同的时候,需要在合同中对检验机构、检验标准、检验报告的提交时间做出详细具体的约定,并且需要根据自己公司的采购和销售情况来自己浮动。

8.违约与索赔

案例 15:

我国某进出口股份有限公司(以下简称"我国公司")与美国某进出口企业(以下简称"美国公司")签订了一份国际货物买卖合同,双方约定我国公司向美国公司进口一批货物3000吨,贸易术语为CFR,单价为100美金,总价格为30万美金,合同货物的总数量和总金额的溢短装条款为前后10%,合同中还约定了双方的违约责任,如美国公司没有履行向我国公司交付货物的义务,我国公司有权向美国公司索赔10万美金的损失。反之,亦然。事实并没有想象中来得简单。美国公司由于生产能力有限,没有在合同约定的交货期内交付货物。于是双方在合同中约定的新加坡仲裁中心进行了仲裁,我国公司要求美国公司支付合同中双方互相约定的违约金10万美金。而美国公司却拒绝。请问,我国公司主张的仲裁请求能否得到仲裁庭的支持呢?

案例16:

某年某月某日,北京某公司(买方)与荷兰某公司(卖方)签订了一份进口机床的合同。合同规定:由卖方在1995年12月7日交付买方机床100台,总价值5万美元,货到3日内全部付清。7月7日,卖方来函:因机床价格上涨,全年供不应求,除非买方同意支付6万美元,否则卖方将不交货。对此,买方表示按合同规定价格成交。买方曾经于7月7日询问另一家公司寻找替代物,这家公司可以在12月7日前交付100台机床并要求支付价款5.6万美元。买方当时未立即补进。到12月7日,买方以当时的6.1万美元的价格向另一供应商补进100台机床。对于差价损失,买方向法院提起诉讼,要求卖方赔偿其损失。请问,买方的诉讼请求都能得到法院的支持吗?

专家解析:

案例15中的我国公司的仲裁请求是不能够得到新加坡仲裁中心支持的。因为,虽然在买卖双方的国际货物买卖合同中约定了双方不履行合同中约定的义务的违约责任,但是在英美法系下,这样的违约金约定得过高,就会存在被认定为"罚金"条款的可能,是无效的。显然,在这个案例中,新加坡仲裁中心认为合同中约定的美国公司作为卖方不交货的违约金约定为10万美金,占据了合同货物总货款的10%,显然是过高的,存在罚金的可能,存在强迫对方履行合同义务的可能,因此,其认定为无效。之后要认定我国公司因美国公司不交货引起的损失之路是漫长而艰巨的。

案例 16 中的买方的诉讼请求是不合理的,是不能够得到法院的支持的。

《联合国国际货物销售合同公约》第 76 条规定:"如果合同被宣告无效,而货物又有时价,要求损害赔偿的一方,如果没有根据第 75 条规定进行购买或转卖,则可以取得合同规定的价格和宣告合同无效时的时价之间的差额以及按照第 74 条规定可以取得的任何其他损害赔偿。但是,如果要求损害赔偿的一方在接受货物之后宣告合同无效,则应适用接受货物时的时价,而不应适用宣告合同无效时的时价。"本案中,买卖双方未对涨价问题达成协议,导致卖方不交货。买方虽然曾经于 7 月 7 日询问另一家公司寻找替代物,但实际上,直到 12 月 7 日,买方才以当时的 6.1 万美元的价格向另一供货商补进 100 台机床。很显然,买方并没有及时补进货物,因此,买方所要求的差价损失不能予以赔偿,而只能按照公约的上述规定,赔偿合同规定的价格(即 5 万美元)和宣告合同无效时的时价(即 7 月 7 日前后的市场价)之间的差额。

专家支招:

违约一般情况下是指,买卖双方或者其中的一方没有履行关于合同中约定的相关义务。对于卖方来说,其违约的情况应该是没有按照合同的约定交货期向买方交付货物,或者交付的货物不符合合同的约定,或者交付的货物有质量问题、瑕疵等。对于买方来说,其违约的情形应该是没有按照合同的约定付款期向卖方支付足额的款项或者延期付款等。任何一方违约时,没有违约的一方可以按照合同的约定或者法律的规定向违约方提出解除货物买卖合同,或者请求违约方对自己的损失进行赔偿。因此,如何设置违约与索赔条款对于金额巨大、流程复杂的国际货物买卖合同来说是十分重要的。下面就详细地来介绍一下。

合同约定违约责任的承担形式有两种：一种是比较笼统的规定，即约定违约方应承担非违约方因该违约行为所遭受的一切损失；另一种是约定损害赔偿金，即约定违约方应赔偿非违约方一定数额的金钱。

但是，在不同的法律体系下，法院或者仲裁机构会出现不同的认定，下面分别来述说英国法下和中国法体系下的不同论点。

首先，英国法下只承认约定损害赔偿条款（Liquidated damages）的效力，而不承认罚金条款（Penalty）的效力。如果约定损害赔偿金超出了补偿受害方实际损失的范围，带有惩罚对方的性质，就变成了罚金，那么在英国法下就是无效的。

其次，如何区分合同中的约定损害赔偿条款和罚金条款。总的来说，约定损害赔偿是对违约损失的一种真正的预测，而罚金则是为了强制违约一方履行合同义务而订立的金钱支付。具体而言，如果合同中使用了"罚金"或"约定损害赔偿"的字眼，就初步显示相关条文确有文字所表达的意思，但这种表达不是最终、决定性的。因此，还须注意以下两点：

（1）如在对方的违约责任中使用"罚金"的字眼，对于需要主张违约责任的一方来说是存在不利因素的。因为这毕竟是一个初步的、表面的证据，在法官、仲裁员的第一印象中是抗拒的。因此，若想在合同中明确对方违约必须赔付一定金额的条款时，最好不要使用"罚金"一词，用compensation/reimbursement/recovery/liquidated damages 比较好，有利于日后将此条款认定为约定损害赔偿条款。

（2）除了条款名称外，更重要的是法官或仲裁员根据合同的相关情况所做的客观解释，即法官、仲裁员的解释才是最终的。这种解释以每份合同订立时的具体情况为基础，而不是根据实际违约时的情况。

就有关罚金或约定损害赔偿金问题解释合同时,有如下验证标准:

(1)将合同中约定的赔偿款项与违约可能造成的最大损失比较,若合同中约定的赔偿款项是过分高的或不正当的,则属罚金。

(2)若合同约定,一方违约未支付合同规定的款项给对方,却要赔偿大于原应付款项的赔偿金,则该条款属罚金条款。如:合同约定甲方根据合同应在2011年11月2日前支付乙方500元款项,若甲方到期未支付该款项,则应当赔偿乙方1000元。此类条款将会被认定为罚金条款。

(3)若规定在一项或多项可能引起损失不一的违约事件发生时,均需支付某一额定的款项,则推定这种条款属罚金性质。但这仅仅是推定,其最终效力要看多项违约事件中最弱的一件所导致的损失是否会达到约定的赔偿款项,若不能,则会被定为罚金。例如,一方超过最后付款日付款,而合同中约定一旦超过该最后付款日就要违约方支付一定金额的金钱,此类条款往往会被认定为罚金条款。但若受害方证明即便违约方迟一天付款,受害方就要因此遭受所约定金额损失的,则该类条款仍然有效。

对约定损害赔偿与罚款条款认定有趋于尊重双方当事人协议的趋势。法官或仲裁员逐渐开始接受当事人为了避免对赔偿责任复杂的举证而约定赔偿金,除非这种约定和实际损害之间的差距过分悬殊,否则将不会轻易将合同中的约定损害赔偿条款认定为罚金条款。

若约定的损害赔偿金过高可能会被认定为罚金条款而无效,但这种罚金条款的无效本身并不影响受害方依法获得其实际损害的赔偿。

若约定的损害赔偿金低于实际遭受的损害,那么在法律上它被认为具有限制赔偿责任的作用。也即,若受害方的实际损失大于约定损害赔偿时,违约方仍只需赔偿约定金额即可。

在中国法律下，对于合同中的约定损害赔偿条款和罚金条款总的来说是以补偿为基础，有限制地承认惩罚性赔偿。若合同中未约定损害赔偿的金额，则适用《合同法》第113条规定的法定损害赔偿；若合同中约定了一方违约时应当根据违约情况向对方支付一定数额的违约金或者约定因违约产生的损失赔偿额的计算方法，法律承认这种约定。其中《合同法》中第113条是这样规定的：当事人一方不履行合同义务或者履行合同义务不符合约定，给对方造成损失的，损失赔偿额应当相当于因违约所造成的损失，包括合同履行后可以获得的利益，但不得超过违反合同一方订立合同时预见到或者应当预见到的因违反合同可能造成的损失。

若当事人约定的违约金低于造成的损失，一方可以请求人民法院或者仲裁机构予以增加；若约定的违约金过分高于造成的损失，一方可以请求人民法院或者仲裁机构予以适当减少。《最高人民法院关于适用〈中华人民共和国合同法〉若干问题的解释(二)》第29条规定："当事人主张约定的违约金过高请求予以适当减少的，人民法院应当以实际损失为基础，兼顾合同的履行情况、当事人的过错程度以及预期利益等综合因素，根据公平原则和诚实信用原则予以衡量，并作出裁决。当事人约定的违约金超过造成损失的30%的，一般可以认定为合同法第114条第2款规定的"过分高于造成的损失。"

约定损害赔偿条款(Liquidated damage)，都给出具体的数字。优点是受害方不必证明其遭受的损失，因为损失的计算往往比较复杂。缺点是，损失可能大于约定数额，得不到全额赔偿。在中国法的框架下，违约金与损失不成比例，一方可以请求法院或仲裁机构进行调节。在英国法体系下，不能约定过高，因为很有可能被仲裁机构认为具有强迫对方履行的意思，具有罚金的性质，而被认为无效。

因此,买卖双方在签订国际货物买卖合同中需要站在不同的立场考虑不同的违约责任的设置条款,尽量做到自己的利益最大化。

9.不可抗力

❖　　❖　　❖

案例 17:

2012 年 6 月,我国北方某进出口公司(以下简称我方公司)与澳大利亚某公司（以下简称澳方公司）成交油炸花生米 200 公吨、每公吨 CFR 悉尼 400 美元,总金额为 80000 美元,交货期为 2012 年 9—12 月。合同规定,双方发生争议时先协商解决,如协商不能解决,提交仲裁机构解决,仲裁地点为中国,仲裁机构为中国对外经济贸易仲裁委员会。

我方公司签订合同后,开始组织货源,但由于供应货物的加工厂加工能力所限,致使货源不足,我方公司当年只交了 50 公吨,其余 150 公吨经双方协商同意延长至下一年度内交货。

2013 年,我国部分花生产地发生自然灾害,花生减产,又加上供应货物的加工厂停止生产这种产品,我方公司无力组织货源,于是于 2013 年 9 月 26 日函电澳方公司,以"不可抗力"为理由,要求免除交货责任。

澳方公司于 9 月 29 日回电,认为自然灾害并不能成为卖方解除免交货物责任的"不可抗力"理由,且称该商品市场价格已上涨,由于我方公司未交货已使其损失 2 万美元,因而要求我方公司无偿供应其他品种或同类食品抵偿其损失。

我方公司对此项要求不同意，坚持因"不可抗力"为不能交货的理由，因而不承担不能交货责任，也无义务对澳方公司进行其他补偿。

在协商不成的情况下，澳方公司根据仲裁条款向中国仲裁机构提出仲裁。仲裁申请书中强调，中方公司所称"不可抗力"的理由不能成立，迟延交货的原因是加工能力不足，而这之后出现的自然灾害是不能作为"不可抗力"的理由免除交货的责任的，并提出中方公司如不愿以商品抵偿其损失，澳方公司就坚持索赔2万美元。

仲裁机构在执行仲裁程序时，经调查发现，自然灾害的确不是造成不能交货的唯一原因。在仲裁机构的调解下，双方经过多次协商，以我方公司赔偿澳方公司4000美元结案。请问，该案例中的自然灾害属于不可抗力吗？

案例 18：

印度某公司与美国某公司出口一批货物，在合同履行过程中，印度宣布政府开始对这类型的货物实行出口许可证和配额制度。印度某公司遂以因无法取得出口许可证为由而无法向美国某公司出口该批货物，以"不可抗力"为由主张解除合同。那么，请问，该案例中的印度某公司是否有主张这种解除合同的权利？为什么？

专家解析：

案例17所涉及的是自然灾害问题。我方公司提出，由于自然灾害致使其不能取得货物如期履约，因此提出免除其不履约交货的责任。根据各国法律关于国际贸易惯例的解释，由于自然灾害致使农副产品全部毁灭或减产，使合同全部或部分不能履行，有关当事人根据不可抗力条款的规定提出证明是可以免除责任的。但应指出，这种自然灾害成为阻碍履行合同的不可抗力、其影响程度必须是根本性的或全局性的,致使无法取得货源。因此,当事人如以自然灾害作为不可抗力来免除自己的责任,不仅需对事实提出证明,而且还需对无法克服和无法预防所出现的自然灾害提出证明。我方公司所销售的商品确因我国当时遭受自然灾害受到一定的影响,但尚未影响到根本取不到货源。当时交不上货,主要原因还是由于供应货的加工厂停止生产这种产品。我方公司也就无法提供上述两项证明,仅凭口头说明是不能适用"不可抗力"条款而免除不交货责任的。

案例18中的印度某公司在履行其与美国某公司之间的货物买卖合同时,因为其当地政府对货物实行了出口配额制度而无法取得出口许可证,其是不能预见、无法避免、无法克服的客观情况,是属于"不可抗力",因此,其以"不可抗力"为由解除其与美国某公司之间的货物买卖合同的做法是正确的。

专家支招:

不可抗力是一项免责条款,是指合同签订后,发生了合同当事人无法预见、无法避免、无法控制、无法克服的意外事件(如战争、车祸等)或自然灾害(如地震、火灾、水灾等),以致合同当事人不能依约履行职责或不能如期履行职责,发生意外事件或遭受自然灾害的一方可以免除履行职责的责任或推迟履行职责。在我国《民法通则》上是指"不能预见、不能避免和不能克服的客观情况"。

哪些事件可以构成不可抗力?各个国家的法律法规关于此项规定是不相统一的。因此,在国际货物买卖合同中对不可抗力条款进行详细的约定,对于买卖双方来说都是相对明智的,可以较好地维护当事人双方的利益。

不可抗力可以是自然原因酿成的,也可以是人为的、社会因素引起的。前者如地震、水灾、旱灾等,后者如战争、政府禁令、罢工等。不可抗力所造成的是一种法律事实。当不可抗力事故发生后,可能会导致原有经济法律关系的变更、消灭,如必须变更或解除经济合同;也可能导致新的经济法律关系的产生,如财产投保人在遇到因不可抗力所受到的在保险范围内的财产损失时,与保险公司之间产生出赔偿关系。当不可抗力事故发生后,遭遇事故一方应采取一切措施,使损失减少到最低限度。

在订立买卖合同时,一般都订有不可抗力条款,其内容包括:不可抗力内容;遭到不可抗力事故的一方,向另一方提出事故报告和证明文件的期限和方式;遭遇不可抗力事故一方的责任范围。如因不可抗力使合同无法履行,则应解除合同。如不可抗力只是暂时阻碍合同履行,则一般采取延期履行合同的方式。凡发生不可抗力事故,当事方已尽力采取补救措施但仍未能避免损失的情况下,可不负赔偿责任。

我国《民法通则》第153条及《合同法》第117条第2款规定,不可抗力是指不能预见、不能避免并不能克服的客观情况。某一情况是否属不可抗力,应从以下几个方面综合加以认定:

1.不可预见性。法律要求构成不可抗力的事件必须是有关当事人在订立合同时,对这个事件是否会发生是不可能预见到的。在正常情况下,对于一般合同当事人来说,判断其能否预见到某一事件的发生有两个不同的标准:一是客观标准,就是在某种具体情况下,一般理智正常的人能够预见到的,合同当事人就应预见到;如果对该种事件的预见需要有一定专门知识,那么只要具有这种专业知识的一般正常水平的人所能预见到的,则该合同的当事人就应该预见到。另一个标准是主观标准,就是在某种具体情况下,根据行为人的主观条件,如年龄、智力发育状况、知识水平、教育和技术能力等来判断合同的当事人是否应该预见到。这两种标准，可以单独运用，但在多数情况下应结合使用。

2.不可避免性。合同生效后，当事人对可能出现的意外情况尽管采取了及时合理的措施，但客观上并不能阻止这一意外情况的发生，这就是不可避免性。如果一个事件的发生完全可以通过当事人及时合理的作为而避免，则该事件就不能认为是不可抗力。

3.不可克服性。不可克服性是指合同的当事人对于意外发生的某一个事件所造成的损失不能克服。如果某一事件造成的后果可以通过当事人的努力而得到克服，那么这个事件就不是不可抗力事件。

4.履行期间性。对某一个具体合同而言，构成不可抗力的事件必须是在合同签订之后、终止以前，即合同的履行期间内发生的。如果一项事件发生在合同订立之前或履行之后，或在一方履行迟延而又经对方当事人同意时，则不能构成这个合同的不可抗力事件。

在不可抗力的适用上，有以下问题值得注意：

1.合同中是否约定不可抗力条款，不影响直接援用法律规定。

2.不可抗力条款是法定免责条款，约定不可抗力条款如小于法定范围，当事人仍可援用法律规定主张免责；如大于法定范围，超出部分应视为另外成立了免责条款。

3.不可抗力作为免责条款具有强制性，当事人不得约定将不可抗力排除在免责事由之外。

4.不可抗力的免责效力。因不可抗力不能履行合同的，根据不可抗力的影响，部分或全部免除责任。但有以下例外：金钱债务的迟延责任不得因不可抗力而免除；迟延履行期间发生的不可抗力不具有免责效力。

中国进出口合同中的不可抗力条款，按对不可抗力事件范围规定

的不同,主要有以下3种方式:

概括式,即对不可抗力事件作笼统的提示,如"由于不可抗力的原因,而不能履行合同或延迟履行合同的一方可不负有违约责任。但应立即以电传或传真通知对方,并在××天内以航空挂号信向对方提供中国国际贸易促进委员会出具的证明书"。

列举式,即逐一订明不可抗力事件的种类。如"由于战争、地震、水灾、火灾、暴风雪的原因而不能履行合同或延迟履行合同的一方不负有违约责任⋯⋯"

综合式,即将概括式和列举式合并在一起,如"由于战争、地震、水灾、火灾、暴风雪或其他不可抗力原因而不能履行合同的一方不负有违约责任⋯⋯"综合式是最为常用的一种方式。

10.仲裁

案例19:

我国某进出口公司(以下简称"我国公司")与印度一家进出口公司(以下简称"印度公司")签订了一个国际货物买卖合同,双方约定由我国公司向印度公司出卖一批货物,贸易术语为CFR,装运港为中国某主港,卸货港为印度某主港,双方约定在某年某月某日前,印度某公司应该向我国公司开立一张不可撤销、不可转让的即期信用证。等到我国公司收到信用证后,我国公司就在中国某主港将货物装上船舶,开始出运。双方在合同中约定，如果遇到合同纠纷，双方应该尽量协商解决，协商不成，应该将纠纷提交至中国上海仲裁委员会。然而，在履行买卖合同过程中，印度公司并没有在合同中约定的开证日期向我国公司开立信用证。这就导致了我国公司因准备该批货物而导致一些损失，于是我国公司就将此纠纷提交至中国国际经济与贸易仲裁委员会上海分会进行仲裁，要求仲裁委员会支持我国公司的仲裁请求，请求判决印度公司赔偿我国公司因备货导致的损失及市场上的跌价等。可是，中国国际经济与贸易仲裁委员会上海分会却拒绝了我国公司的仲裁请求，那么，请问，该案例中的中国国际经济与贸易仲裁委员会上海分会的做法正确吗？为什么？

案例 20：

一份国际货物买卖合同，买卖双方约定其产生的分歧首先应该协商解决，协商不成再将纠纷提交至香港国际仲裁中心。在履行合同过程中，买方并没有按照合同约定的内容如期向卖方支付货款，卖方就将该纠纷提交至香港国际仲裁中心，希望仲裁庭能够尽快解决该纠纷，减少资金的占用利息。但是在香港国际仲裁中心受理该案之后，却要求买卖双方协商确定仲裁规则。无奈之下，卖方只能找买方商量仲裁规则，可是，买方这家公司却迟迟不肯与卖方达成一致的仲裁规则协议。时间也拖了很久，一个月后终于达成了仲裁规则一致的协议，但是卖方却因此遭受了更多的资金占用利息损失。请问，为什么会出现这样的情况？这样的情况在国际贸易买卖合同签订中该如何避免呢？

专家解析：

案例 19 中的印度公司与我国公司在合同中约定了由上海仲裁委员会为仲裁机构，但是其约定并不是很明确，因为上海仲裁委员会既可以是指中国国际经济与贸易仲裁委员会上海分会，也可以是指上海仲裁委员会。因此，当中国国际经济与贸易仲裁委员会上海分会接到这样的仲裁请求时，其以合同中约定的仲裁机构不明确为由，拒绝受理我国公司的仲裁请求是有法可据的。

案例 20 中的卖方与买方想利用仲裁成本小、时间短的特点来解决纠纷，事实上，也是将纠纷提交至了香港国际仲裁中心，合同中也分别对仲裁机构、准据法都做了详细、明确的约定，可是为什么香港国际仲裁中心还是让买卖双方去协商仲裁规则呢？国际货物买卖合同中，我们如果想将纠纷提交至仲裁机构解决，就需要对仲裁机构、仲裁规则、准据法三者都作出明确的约定，缺一不可。否则，只能像案例中的卖方一样重新与买方协商确定仲裁规则，这样的话，只能是耗时耗力。

专家支招：

仲裁一般是当事人根据他们之间订立的仲裁协议，自愿将其争议提交由非官方身份的仲裁员组成的仲裁庭进行裁判，并受该裁判约束的一种制度。仲裁活动和法院的审判活动一样，关乎当事人的实体权益，是解决民事争议的方式之一。国际仲裁也是纠纷双方当事人自愿将争议交至仲裁机构，根据双方约定的仲裁规则进行仲裁活动的一种制度。

由此可知，仲裁制度是一种需要当事人之间对仲裁进行协议的制度，而不像法院，有其管辖的限制。法院行使国家所赋予的审判权，向法院起诉不需要双方当事人在诉讼前达成协议，只要一方当事人向有审判管辖权的法院起诉，经法院受理后，另一方必须应诉。仲裁协议有两种形式：一种是在争议发生之前订立的，它通常作为合同中的一项仲裁条款出现；另一种是在争议之后订立的，它是把已经发生的争议提交给仲裁的协议。这两种形式的仲裁协议,其法律效力是相同的。仲裁在性质上是兼具契约性、自治性、民间性和准司法性的一种争议解决方式。仲裁机构通常是民间团体的性质,其受理案件的管辖权来自双方协议,没有协议就无权受理。

根据所处理的纠纷是否具有涉外因素,仲裁可分国内仲裁和涉外仲裁。前者是该国当事人之间为解决没有涉外因素的国内民商事纠纷的仲裁;后者是处理涉及外国或外法域的民商事争议的仲裁。

机构仲裁和临时仲裁

根据是否存在常设的专门仲裁机构,仲裁可以分为临时仲裁和机构仲裁。临时仲裁是当事人根据仲裁协议,将他们之间的争议交给临时组成的仲裁庭而非常设性仲裁机构时进行审理并作出裁决意见书的仲裁。机构仲裁是当事人根据其仲裁协议,将它们之间的纠纷提交给某一常设性仲裁机构所进行的仲裁。

根据仲裁裁决的依据不同,仲裁可分为依法仲裁和友好仲裁。依法仲裁是指仲裁庭依据一定的法律规定对纠纷进行裁决。友好仲裁则是指依当事人的授权,依据它所认为的公平的标准作出对当事人有约束力的裁决。

仲裁实行一裁终局制,仲裁裁决一经仲裁庭作出即发生法律效力。这使得当事人之间的纠纷能够迅速得以解决。时间上的快捷性使得仲裁所需费用相对较少;仲裁无须多审级收费,使得仲裁费往往低于诉讼费;仲裁的自愿性、保密性使当事人之间通常没有激烈的对抗,且商业秘密不必公之于世,对当事人之间今后的商业机会影响较小。仲裁机构独立于行政机构,仲裁机构之间也无隶属关系。在仲裁过程中,仲裁庭独立进行仲裁,不受任何机关、社会团体和个人的干涉,亦不受仲裁机构的干涉,显示出最大的独立性。

我国的《仲裁法》第9条规定"仲裁实行一裁终局的制度,裁决作出后,当事人就同一纠纷再申请仲裁或者向人民法院起诉的,仲裁委员会不予受理。即裁决作出后,即产生法律效力,即使当事人对裁决不服,也不能就同一案件向法院提出起诉。所以一裁终局,不仅排除了中国沿用多年的一裁二审的可能性,同时也排除了一裁一复议和二裁终局的可能性。

因此,合同双方需要在合同中加入对自己有利的仲裁条款。国际货物买卖合同中,仲裁条款一般应包括仲裁地点、仲裁机构、仲裁的程序规则、仲裁裁决的效力及仲裁费用的负担等内容。一般而言,在哪个国家仲裁,就适用哪个国家的法律和仲裁法规。由此可见,仲裁地点不同,所适用的法律可能不同,对双方当事人的权利、义务的解释也会有差异,仲裁结果也就可能不同。因此,买卖双方当事人在协商仲裁地点时,都力争在自己国家或比较了解和信任的地方仲裁。

国际贸易中的仲裁机构有两类,即常设仲裁机构和临时仲裁机构。

中国的常设涉外商事仲裁机构是中国国际经济贸易仲裁委员会。该委员会隶属于中国国际贸易促进委员会,总会设在北京,在深圳和上海设有分会。此外,在一些省市还相继设立了一些地区性的仲裁机构。

仲裁规则即进行仲裁的手续、步骤和做法。各仲裁机构都有自己的仲裁规则。按国际仲裁的一般做法,原则上采用仲裁所在地的仲裁规则,但也允许按双方当事人的约定,并经仲裁机构同意,采用仲裁地点以外的其他仲裁机构的仲裁规则进行仲裁。

一般而言,仲裁裁决是终局性的,对争议双方都有约束力,任何一方都不允许向法院起诉要求变更。合同中应明确规定仲裁费用的负担问题。一般规定由败诉方承担,也有的规定为由仲裁庭酌情决定。

下面来介绍一下专业的仲裁机构。

香港国际仲裁中心,成立于1985年9月,是一个民间非营利性中立机构。香港国际仲裁中心由理事会领导,理事会由来自不同国家的商人和其他具备不同专长和经验的专业人士组成,仲裁中心的业务活动由理事会管理委员会通过秘书长进行管理,而秘书长则是仲裁中心的行政首长和登记官。

仲裁中心的设立是为了满足东南亚地区的商务仲裁的需要,同时也为中国内地当事人和外国当事人之间的经济争端提供"第三地"的仲裁服务。1990年修正后的《香港国际仲裁中心仲裁条例》(以下简称《仲裁条例》)规定了本地仲裁和国际仲裁两种不同的仲裁制度。2010年,香港修订了《仲裁条例》。新的《仲裁条例》不再这样区分,对于本地仲裁,仲裁中心有仲裁规则和协助当事人和仲裁员的指南;而对于国际仲裁,仲裁中心推荐采用《联合国国际贸易法委员会仲裁规则》。2000年1月13日,香港特别行政区正式公布了《2000年仲裁条例》,废除了《仲裁条例》中与《基本法》相抵触的规定,并增加了"内地""内地裁决"等相关内容,以保证香港回归后内地和香港仲裁裁决的相互承认和执行的问题。

中国国际经济贸易仲裁委员会,简称CIETAC(贸仲),总会设在北京。根据业务发展的需要,仲裁委员会分别于1989年、1990年和2009年在深圳、上海和重庆设立了中国国际经济贸易仲裁委员会深圳分会(以下简称深圳分会)、中国国际经济贸易仲裁委员会上海分会(以下简称上海分会)和中国国际贸易仲裁委员会西南分会。2004年6月18日深圳分会更名为中国国际经济贸易仲裁委员会华南分会(以下简称华南分会)。仲裁委员会北京总会及其华南分会、上海分会和西南分会是一个统一的整体,是一个仲裁委员会。总会和分会使用相同的《仲裁规则》和《仲裁员名册》,在整体上享有一个仲裁管辖权。

英国伦敦国际仲裁院,简称 LCIA。1892 年 11 月 23 日成立伦敦仲裁会,1903 年 4 月 2 日改名为伦敦仲裁院,由一个伦敦城市和伦敦商会各派 12 名代表组成的联合委员会管理,1975 年伦敦仲裁院与女王特许仲裁员协会合并,并于 1978 年设立了由来自 30 多个国家的具有丰富经验的仲裁员组成的"伦敦国际仲裁员名单"。1981 年改名为伦敦国际仲裁院,这是国际上最早成立的常设仲裁机构,现由伦敦市、伦敦商会和女王特许协会三家共同组成的联合管理委员会管理,仲裁院的日常工作由女王特许协会负责,仲裁协会的会长兼任仲裁院的主席。

伦敦国际仲裁院的职能是为解决国际商事争议提供服务,它可以受理当事人依据仲裁协议提交的任何性质的国际争议。该仲裁院在组成仲裁庭方面确定了一项重要的原则,即在涉及不同国籍的双方当事人的商事争议中,独任仲裁员和首席仲裁员必须由 1 名中立国籍的人士担任。伦敦国际仲裁院于 1985 年 1 月 1 日起实行新的《伦敦国际仲裁院规则》,仲裁庭组成后,一般应当按照伦敦国际仲裁院的仲裁规则进行仲裁程序,但同时,该仲裁院也允许当事人约定按《联合国国际贸易委员会仲裁规则》规定的程序仲裁。它是目前英国最主要的国际商事仲裁机构,可以审理提交给它的任何性质的国际争议,尤其擅长国际海事案件的审理。由于其较高的仲裁质量,它在国际社会上享有很高的声望。

国际商会仲裁院,简称 ICCCA,成立于 1923 年,是附属于国际商会的一个国际性常设调解与仲裁机构。

国际商会仲裁院是国际性民间组织,具有很强的独立性,该仲裁院总部设在巴黎,理事会由来自40多个国家和地区的具有国际法专长和解决国际争端经验的成员组成,其成员首先由国际商会各国委员会根据一国一名的原则提名,然后由国际商会大会决定,任期3年。仲裁院成员独立于其国家和地区行事。仲裁院设主席1名,副主席8名。该仲裁院在国际商会总部设有秘书处,秘书处由来自10多个国家的人员组成,设秘书长1名,秘书处的工作由秘书长主持,秘书处分5个小组,每组由3人组成,1名顾问、1名助理,还有1名秘书。顾问一般是律师,并至少应当懂英语与法语。这5个小组负责处理案件管理中的日常事务。除以上5个小组以外,秘书处还设有1名特别顾问、1名档案管理员、1名行政助理和几名秘书。

设立国际商会仲裁院的目的在于通过处理国际性商事争议,促进国际间的经济贸易合作与发展。该院最初受理的案件主要是有关货物买卖合同和许可证贸易的争议。

这里还有必要讨论一下什么是临时仲裁。近代的商事仲裁起源于欧洲,临时仲裁是19世纪中叶机构仲裁出现以前唯一的国际商事仲裁组织形式,临时仲裁比机构仲裁(管理式仲裁)历史悠久。直至今天,在常设仲裁机构发展迅速,数量达到一百三十多个的情况下,临时仲裁仍有很强的生命力,得到很多国家的承认,特别在国际海事的纠纷处理方面,临时仲裁是主流。

从世界范围内来看,机构仲裁和临时仲裁是仲裁的两种基本形式,两者相辅相成,在纠纷的解决中各自发挥着作用。机构仲裁,就是由一个常设的仲裁机构进行仲裁。仲裁机构负责部分程序上的工作,当事人在仲裁机构的仲裁员名册中选择仲裁员。仲裁裁决除了由仲裁员签字外,还要加盖仲裁机构的印章。临时仲裁是相对机构仲裁而言的仲裁制度。当事人自己依协议组建仲裁庭或即使常设仲裁机构介入,仲裁机构也不进行程序上的管理,而是由当事人依协议约定临时程序或参考某一特定的仲裁规则或授权仲裁庭自选程序, 这种形式的仲裁即为临时仲裁,又称特别仲裁或随意仲裁。凡是与仲裁审理有关的事项都可以完全由当事人约定。

临时仲裁是指依据当事人之间的仲裁协议,在争议发生后,由双方当事人推选仲裁员临时组成仲裁庭进行仲裁, 该仲裁庭仅负责审理本案,并在审理终结、做出裁决后即自行解散。临时仲裁,不依赖于固定的仲裁机构,随着争议产生由当事人授权成立仲裁庭,一旦争议解决即予以解散。也就是说,在临时仲裁的情况下,仲裁庭和仲裁机构的概念是一致的。临时仲裁无仲裁规则,可选择用某国家仲裁机构的仲裁规则。同时,仲裁员、仲裁庭组成也不同于机构仲裁。临时仲裁的主要优势在于:程序上比较灵活,符合双方当事人的意愿及实际情况,英国著名律师 D.A.Redfern 将其比作“量体裁衣”;在一定条件下费用节省,无须管理服务费;同时可省略机构内部的复杂手续,提高工作效率,加快速度;并有可能在无事实争议(Matter of fact),只发生法律争议(Matter of law)的案例中发生即时仲裁(Instant arbitration)。临时仲裁的主要缺点是:当事人不可能对仲裁涉及的全部问题作出约定,如程序出现问题,当事人需重新作出约定, 例如仲裁员在审理过程中不幸身亡或成为无行为能力人;临时仲裁缺乏必要的监督管理,其有效性及其优势的发挥取决于双方一致,如一方当事人延迟时间不愿合作,另一方当事人必须寻求仲裁地的法院的司法救济,否则会陷入僵局;在费用方面,当事人在协商过程中往往缺乏讨价还价的经验。

11.贸易术语

案例21：

我国某进出口公司曾向澳大利亚某公司出口一批货物，共计1200箱，FOB新港交货，货值54000美元，装运期为当年12月25日前，货物装集装箱。该出口公司在天津设有办事处，于是在12月上旬就将货物运到天津，由天津办事处负责定箱装船。不料货物在天津港存仓的第三天，即因发生火灾全部被焚。办事处只好通知内地公司赶快补发货物。

案例22：

我国某进出口公司向荷兰商人出口一批货物，合同规定的金额CFR荷兰USD60000，6月底前出运，装运港为中国某主港，不可撤销即期信用证付款。在合同规定的装运期内，卖方委托的生产厂家将货物装上卡车并运往中国某主港，由于运输途中，驾驶员疏忽，卡车翻入了河中，致使货物落水打湿，100箱货物成了次品。

那么，请问，这样的货损应该由谁来负责？本案中选择的贸易术语为CFR是否恰当？

专家解析：

案例21中的典型问题就是使用贸易术语不当。在出口商处于内地、或者适用集装箱等都不适用于"船舷为界"划分风险的运输方式时，应该放弃传统的 FOB\CFR\CIF 术语，而应该采用"货交承运人"为界划分风险的 FCA\CPT\CIP 术语。采用 FCA\CPT\CIP 术语,适用范围较广,出口方可以任意采用适合的运输方式，同时也将风险转移的时间提前了,提前至出口方将货物交给承运人接管时,出口方的费用也降低了,不需要负担货物运至装运港的费用。可凭借签发的运输单据在当地交单结汇,大大缩短了结汇时间。本案例中的出口方因采用了 FOB 术语,不得不承担货物装船前的一切风险。再补交货物、因货源不济,只好请求内地公司补发货物。

案例 22 中的这批货物的货损应该是由卖方我国某进出口公司承担,因为根据《国际贸易术语 2000 年通则》的规定,CFR 条件下卖方交货地点应该在装运港船上，风险自货物在装运港越过船舷时转移,因此,货物在由内地运往装运港装船前的损坏或者灭失应该由卖方负责。本案例中的货损虽是生产厂家所致，但在卖方承担风险责任期间所发生的货损应该由卖方我国某进出口公司对外负责，再由卖方向有关责任方追偿。

本案例中选用 CFR 的贸易条件显然是不恰当的,卖方及货物处于内陆地区,采用 CFR 方式,若要交货就必须把货物运到沿海港口装船,货物从工厂到装船前整个期间的风险应该由卖方我国某进出口公司承担,对于卖方显然不利。本案的价格条件若是改为 CPI 荷兰,货物在内地交给承运人处置时,风险转移给买方承担,该货损则与卖方我国某进出口公司无关。

专家支招:

贸易术语又称贸易条件、价格术语(Price terms),是在长期的国际贸易实践中产生的。它是用来表示商品的价格构成,说明交货地点,确定风险、费用和责任划分等问题的专门用语。

有利于买卖双方洽商交易和订立合同。由于每一种贸易术语对买卖双方的义务都有统一的解释，有利于买卖双方明确各自的权利和义务，早日成交。

有利于买卖双方核算价格和成本。各种贸易术语对于成本、运费和保险费等各项费用由谁负担都有明确的界定，买卖双方比较容易核算价格和成本。

有利于解决履约当中的争议。由于贸易术语由相关的国际惯例解释，对买卖双方在交易中的争议，可通过国际贸易惯例解释。

选择正确的贸易术语会对双方的权利义务、风险转移起算点更加明确，因此，应该给予足够的重视。

下面就来介绍下国际通用的几个贸易术语的内容。

FOB：是 Free on Board，其中文含义为"装运港船上交货（……指定装运港）"。使用该术语，卖方应负责办理出口清关手续，在合同规定的装运港和规定的期限内，将货物交到买方指派的船上，承担货物在装运港越过船舷之前的一切风险，并及时通知买方。船上交货（FOB）本术语适用于海运或内河运输。

CFR：即"Cost and Freight（...named port of destination ）"的英文缩写，其中文含义为"成本加运费（……指定目的港）"。使用该术语，卖方负责按通常的条件租船订舱并支付到目的港的运费，按合同规定的装运港和装运期限将货物装上船并及时通知买家。本术语适用于海运或内河运输。成本加运费（CFR）指卖方必须支付把货物运至指定目的港所需的开支和运费，但从货物交至船上甲板后，货物的风险、灭失或损坏以及发生事故后造成的额外开支，在货物越过指定港的船舷后，就由卖方转向买方负担。另外,要求卖方办理货物的出口结关手续。

CIF:即"Cost Insurance and Freight"的英文缩写,其中文含义为"成本加保险费、运费"。使用该术语,卖方负责按通常条件租船订舱并支付到目的港的运费,在合同规定的装运港和装运期限内将货物装上船并负责办理货物运输保险,支付保险费。

FCA:即"Free Carrier"的英文缩写,其中文含义是"货交承运人"。使用该术语,卖方负责办理货物出口结关手续,在合同约定的时间和地点将货物交由买方指定的承运人处置,及时通知买方。货交承运人(FCA)。根据商业惯例,当卖方被要求与承运人通过签订合同进行协作时,在买方承担风险和费用的情况下,卖方可以照此办理。本术语适用于任何运输方式。采用这一交货条件时,买方要自费订立从指定地点启运的运输契约,并及时通知卖方。《2000通则》规定,若双方约定的交货地点是卖方所在地,卖方负责把货物装上买方指定的承运人的运输工具即可,若交货地是其他地点,卖方在自己的运输工具上完成交货,无须卸货。

CPT:即"Carriage Paid to"的英文缩写,其中文含义为"运费付至指定目的地",使用该术语,卖方应自费订立运输契约并支付将货物运至目的地的运费。在办理货物出口结关手续后,在约定的时间和指定的装运地点将货物交由承运人处理,并及时通知买方。本术语适用于各种运输方式,包括多式联运。

CIP:即"Carriage and Insurance Paid to"的英文缩写,中文含义为"运费、保险费付至指定目的地"。使用该术语,卖方应自费订立运输契约并支付将货物运至目的地的运费,负责办理保险手续并支付保险费。在办理货物出口结关手续后,在指定的装运地点将货物交由承运人照管,以履行其交货义务。

EXW：即"Ex Works"的英文缩写，其中文含义为"工厂交货（指定的地点）"。使用该术语，卖方负责在其所在处所（工厂、工场、仓库等）将货物置于买方处置之下即履行了交货义务。通常不负责将货物装上买方准备的车辆上或办理货物结关。买方承担自卖方的所在地将货物运至预期的目的地的全部费用和风险。采用 EXW 条件成交时，卖方的风险、责任、费用都是最小的。

FAS：即"Free Alongside Ship（...named port of shipment）"的英文缩写，中文含义为"船边交货（指定装运港）"。使用该术语，卖方负责在装运港将货物放置码头或驳船上靠近船边，即完成交货。船边交货（FAS）术语适用于海运或内河运输。与《90 通则》不同的是，《2000 通则》规定，办理货物出口报关的风险、责任、费用改由买方承担。

DAF：本术语的英文为"Delivered at Frontier（...named place）"，即"边境交货（……指定地点）"。它指卖方承担如下义务，将备妥的货物运至边境上的指定地点，办理货物出口结关手续，在毗邻国家海关边境前交货，本术语主要适用于通过铁路或公路运输的货物，也可用于其他运输方式。

DES：本术语的英文为"Delivered Ex Ship（...named port of destination）"，即"目的港船上交货（……指定目的港）"。它系指卖方履行如下义务，把备妥的货物，在指定目的港的船甲板上不办理货物进口结关手续的情况下，交给买方，故卖方须承担包括货物运至指定目的港的所有费用与风险。本术语适用于水上运输方式及最后一程为水上运输的多式联运方式。

DEQ：本术语的英文为："Delivered Ex Quay（Duty Paid）（...named port of destination）"，即"目的港码头交货（……指定目的港）"。卖方义务

如下:支付运费,在规定时间内将货物运至目的港,承担卸货的责任和费用,并在目的港码头将货物置于买方处置之下,承担在目的港码头将货物置于买方处置下之前的风险和费用。办理货物进口报关的责任、费用、风险由买方承担。本术语适用于水上运输和多式联运。

DDU:本术语的英文为"Delivered Duty Unpaid(…named place of destination)",即"未完税交货(……指定目的地)"。它指卖方将备好的货物,在进口国指定的地点交付,而且须承担货物运至指定地点的一切费用和风险(不包括关税、捐税及进口时应支付的其他官方费用),另外须承担办理海关手续的费用和风险。买方须承担因未能及时办理货物进口结关而引起的额外费用和风险。本术语适用于各种运输方式。

DDP:本术语的英文为"Delivered Duty Paid(…named place of destination)",即"完税后交货(……指定目的地)"。它是指卖方将备好的货物在进口国指定地点交付,而且承担将货物运至指定地点的一切费用和风险,并办理进口结关。本术语可适用于各种运输方式。

看到这里我们可以将贸易术语进行相关的划分,根据交货地点的不同,可以分为出口地交货的贸易术语与进口地交货的贸易术语。出口地交货的贸易术语有:工厂交货(EXW)、货交承运人(FCA)、装运港船边交货(FAS)、装运港船上交货(FOB)、成本加运费(CFR)、成本加保险费和运费(CIF)、运费付至……(CPT)、运费和保险费付至……(CIP)。国际商会根据贸易术语开头字母的不同,将以上8个贸易术语分为E组、F组与C组。以上贸易术语卖方交货地点都在出口地,所以按这8种贸易术语签订的国际货物买卖合同称为装运合同。

进口地交货的贸易术语有:DAP(目的地交货)、DAT(运输终端交货)、完税后交货(DDP)。国际商会将上述3种贸易术语称为D组。

除了这些主要的贸易术语之外,平时工作中会经常遇到贸易术语

的一些变形,主要有如下:

【FOB】术语变形:

(1)FOB Liner Terms（FOBHYPERLINK 班轮条件）:装船费用按照班轮条件办理,卖方只负责将货物交到码头港口,装卸及平舱理舱费均由支付运费的一方——买方负担。（卖方不必承担装货费用）

(2)FOB Under Tackle（FOB 吊钩下交货）:卖方承担的费用截止到买方指定船只的吊钩所及之处,有关装船的各项费用一概由买方负担。（卖方不必承担装货费用）

(3)FOB Stowed 或 FOBS(FOBHYPERLINK 包括理舱/船上交货并理舱):卖方负责将货物装上船,并支付包括理舱费在内的装船费用。多用于杂货船。（卖方必须承担装货费用和理舱费用）

(4)FOB Trimmed 或 FOBT(包括平舱/船上交货并平舱):卖方负责将货物装上船,并支付包括平舱费在内的装船费用,多用于散装船。若买方租用自动平舱船时,卖方应退回平舱费用。（卖方必须承担装货费用和平舱费用）

(5)FOB Stowed and Trimmed 或 FOBST（FOB 包括平舱和理舱）:卖方必须承担装货、平舱和理舱费用。

【CFR】术语变形

(1)CFR Liner Terms(CFR 班轮条件)即卸货费按照班轮的办法处理,即买方不予承担。

(2)CFR Landed （CFR 卸到岸上）指由卖方将货物卸到目的港岸上位置的卸货费,包括从轮船到码头转运时可能发生的驳船费和码头捐税。

（3)CFR Ex Tackle（CFR 吊钩下交货）卖方承担货物从舱底吊至船边卸离吊钩为止的费用。

（4)CFR Ex Ship's Hold（CFR 舱底交接）买方负责将货物从目的港船舱舱底吊卸到码头的费用。

【CIF】术语变形

（1)CIF Liner Terms(CIF 班轮条件)：卖方必须承担卸货费用；

（2)CIF Landed(CIF 卸至岸上)：卖方必须承担卸货费用包括驳运费；

（3)CIF Under Ex Tackle（CIF 吊钩下交接)：卖方必须承担卸货费用；

（4)CIF Ex Ship's Hold(CIF 舱底交接)：卖方不必承担卸货费用。

CIF 以及 CFR 的区别：

CIF 术语要由卖方办理保险，支付保险费，并向买方转让保险单；CFR 术语则由买方自行办理投保并支付保险费，保险也容易引起争议问题。因为按照 CIF 术语，卖方虽然负责投保并支付保险费，但货物在装运港越过船舷起，风险就由卖方转移到买方承担，卖方对运输中的货物已经不再拥有可保权益，卖方实际上是为了买方的利益而投保。因此投保什么险别如何确定保险金额，应事先在合同中约定，否则容易在货物遭受损失时而得不到应有的赔偿并引起纠纷。

注意 CPT 以及 CFR 的区别：

（1)CPT 是卖方负责安排把货物运至指定目的地的运输，并付运费，但货物在运输途中灭失或者损坏的风险以及货物交给第一承运人后发生的任何额外费用，均由买方承担。但在 CFR 术语下，卖方完成交货时在约定的装运港越过船舷时，不是将货物交给第一承运人。

(2)CPT 术语可适用于任何运输方式,而 CFR 术语仅适用于海洋和内河运输。

为了让读者能够更加清晰地理解这些贸易术语之间的区别, 特附如下表格一张:

英文及缩写	中文全称	交货地点	风险划分	出口报关	进口报关	适用运输方式	标价注明
ex works EXW	工厂交货	卖方处所	买方接管货物后	买方	买方	各种运输方式	指定地点
free carrier FCA	货交承运人	合同规定的出口国内地、港口	承运人接管货物后	卖方	买方	同上	同上
free alongside ship FAS	船边交货	船边交货	货交船边后	卖方	买方	海运,内河运输	装运港名称
free on board FOB	船上交货	装运港船上	货物越过装运港船舷	卖方	买方	同上	同上
cost & freight CFR	成本加运费	同上	同上	卖方	买方	同上	目的港名称
cost insurance and freight CIF	成本加保险加运费	同上	同上	卖方	买方	同上	同上
cost carriage paid to CPT	运费付至	合同规定的出口国内地港口	承运人接管货物后	卖方	买方	同上	同上

接上表：

英文及缩写	中文全称	交货地点	风险划分	出口报关	进口报关	适用运输方式	标价注明
carriage & insurance paid to CIP	运费，保险费付至	同上	同上	卖方	买方	同上	同上
delivered at frontier DAF	边境交货	两国边境指定地	买方接管货物后	卖方	买方	多用于陆运方式	边境指定地点
delivered ex ship DES	目的港船上交货	目的港船上	买方在船上收货后	卖方	买方	海运,内河运输及目的港船上交货的多式联运	目的港名称
delivered ex quay DEQ	目的港码头交货	目的港码头	买方在目的港收货后	卖方	买方	同上	同上
delivered duty unpaid DDU	未完税交货	进口国指定地	买方在指定地收货后	卖方	买方	任何运输方式	目的地名称
delivered duty paid DDP	完税后交货	同上	同上	卖方	卖方	同上	同上

12.单据

案例 23：

我国某进出口公司与欧洲某进出口企业签订了一份国际货物买卖合同,双方约定装船日为 2013 年 4 月 23 日,发货人为 ABC 公司,收货人为 XYZ 公司,双方约定争议提交至新加坡国际仲裁中心。卖方提供给买方预报关的提单,发货人为 DEF 公司,收货人为 XYZ 公司,双方约定的结算方式为买方向卖方通过银行开具一张不可撤销不可转让的即期信用证。卖方提交至银行的议付单据中的提单显示,发货人为 ABC 公司,收货人为 XYZ 公司。于是买方认为卖方的议付提单与预报关的提单有出入,属于假提单,于是向新加坡国际仲裁中心申请了止付令。银行在收到止付令后停止对卖方公司进行议付。那么,请问,买方的做法正确么? 为什么?

案例 24：

2012 年 8 月 23 日,买方我国某进口公司(原告)购进一批日本空调产品,买卖合同规定于 2012 年 8 月 29 日装货,由承运人大连某远洋公司(被告)承运上述货物。在履行过程中,承运人因船发生故障进行维修,于 9 月 9 日才抵港装货。为此,承运人接受了发货人的保函,签发了 8 月 29 日已装船的清结提单。发货人凭全套单证从开证行收回全部货款。原告持被告签发的提单到港口提货时,发现该提单所载的船舶还未抵港,迟至9月20日,货物才运抵目的港。由于销售季节已过,造成了原告的巨大损失,原告为此提起诉讼。被告在答辩中谎称:货物未能如期抵港,是因为货运途中遭遇不测,不得不在避风港停留了几天,迟延交货是由于不可抗力引起的。请问,大连某远洋公司(被告)的做法正确吗?它应该赔偿买方我国某进口公司(原告)的相关损失吗?

专家解析:

案例23中卖方给买方预报关提供的提单与提交至银行议付的提单有出入,前者发货人为ABC公司,后者发货人为DEF公司,银行审查卖方公司提交的单据义务仅仅是表面的义务,只需要单单相符、单证一致即可以向卖方付款。因此,作为买方公司,收到两套不同的提单时,需要做的是立即向新加坡国际仲裁中心申请止付令,银行收到止付令后就不能再向卖方支付合同项下的款项了。本案例中卖方的做法严重违反了合同的约定,应该承担相应的赔偿责任。买方的做法是正确的,值得我们学习。

案例24中的承运人大连某远洋公司(被告),为了使自己签发提单的行为符合合同的约定,将本来应该在2012年9月9日签发的提单,凭借着发货人出具的保函,将提单日期提前至了2012年8月29日,这样的"倒签提单"为欺诈行为打开了方便之门,使收货人面临因受骗而蒙受损失的风险。对于不知情的收货人而言,货物的实际装船日期意义十分重大。信用证的日期实际上是根据合同上的装船日期而定,承运人、托运人的倒签行为,实际上违反了合同中规定的交货日期,后果往往是协助违约人隐瞒了合同履行中的违约事实。使承运人和托运人逃避了违约责任。因此,案例中的承运人大连某远洋公司(被告)的做法是不对的,应该赔偿买方我国某进口公司(原告)的相关损失。

专家支招:

国际贸易并不是严格意义上的货物买卖,可以说是单据的买卖,由此可见,单据在外贸行业的重要性。而单据中最重要的是提单。对于国际航运的从业人士来说,提单应该是耳熟能详的。

提单(Bill of loading)用以证明不仅是货物已由承运人接收的货物收据、海上货物运输合同,更重要的是代表货物所有权的物权凭证。

首先,提单的作用表现在其是承运人或者代理人签发的收到货物的收据。其次,提单是承运人与托运人之间的运输合同证明。双方的权利义务均在提单上有所体现。最后,提单的作用,也就是最重要的一点,那就是提单是货物所有权的凭证,提单代表着提单上所记载的货物的所有权,提单的实际持有人可以凭借着提单去目的港提走提单上所记载的货物。因此,提单可以通过合法的程序进行转让,被银行质押等,不过也是有区别的,有些提单就不能被转让和质押,如记名提单,船东只能将船上的货物交给提单上的记名提单持有人。不能随意放货给他人,否则将构成无单放货,会被真正的货主和提单持有人追究法律上的赔偿责任。

提单的内容一般都是格式化的,基本会包括提单的正面内容和提单背面的运输协议。

正面内容一般会包括托运人名称、收货人名称、被通知人、装运港、目的港、船名和船籍、货物名称和数量、运费和其他费用、提单签发日期、地点、份数、承运人的名称和签字、代理人的名称和签字(如果有的话)。

背面内容一般是承运人与托运人之间的运输协议，一般会对双方的权利义务都作出详细的约定。到目前为止，基本都是以《海牙规则》为蓝本依据。

提单可以有很多的分类，根据是否装船可以分为已装船提单和收妥备运提单。顾名思义，已装船提单(On board bill of loading)意味着货物已经装上了船舶，会立即出运。一般来说提单的签发日就是装船日。收妥备运提单(Received for shipment bill of loading)，顾名思义，意味着承运人或者船东已经收妥了货物，等待装运。因此，如果签发的是收妥备运提单，需要注意的是它并不是严格意义上的提单，它代表的仅仅是承运人或者船东收到了货物，并不是承运人与托运人之间的运输协议，更不是提单上所记载货物的物权凭证。收妥备运提单也不会注明船名和装运日期。一般来说，承运人会在货物装船后，在收妥备运提单盖上"已经装船"的字样，用以表示货物已经装船，这类的提单就是真正意义上的提单了。

根据提单的清洁程度可以分为清洁提单和不清洁提单。清洁提单(Clean bill of loading)意味着船东或者承运人签发提单的时候，会货物的表面状况进行了审查，一般是针对货物的表面质量，如钢材类产品有无锈蚀等，包装有无松散等。不清洁提单(Unclean bill of loading)意味着船东或者承运人将货物装船的时候，发现了货物的表面状况有一些质量锈蚀、空气锈蚀、潮湿等，包装也有一些松散或者捆扎带松散等问题，就会在签发提单的时候批注上这些语句。一般来说，船东或者承运人审查货物表面状况的义务都是轻微的，像一些集装箱运输的货物，船东或者承运人不可能拆开集装箱的包装进行对货物的审查，也不可能对货物的内在质量问题做实质性的审查，因此，其审查货物的义务都是表面的，即只看货物表面的情况。一方面是为了节约装船和签发提单的时间，另一方面，也是为了规避不应承担的责任。通常情况下，在信用证的支付方式下，都会要求船东或者承运人签发清洁提单，如果银行收到的提单是不清洁的提单，卖方的货款就会因为不符点而遭到银行的拒付。

根据提单是否能够流通、转让，我们将提单分为记名提单、不记名提单和指示提单。记名提单（Straight bill of loading）又称为收货人抬头提单，也就是说提单上的收货人是固定的单位，或者是买方，或者是买方指定的专人，如买方的下家。不过现实操作中，为了切断卖方与买方下家的联系，都不会在提单中显示买方的下家的。这种提单既不能转让，也不能流通，因为其指定的收货人已经显示在提单上，船东或者承运人交付货物只会交给提单上显示的收货人。不记名提单（Open bill of loading）又称为来人抬头提单，也就是说提单收货人一栏是空着的，来人只要手持提单就能从船东或者承运人的手中提走提单上记载的货物。这种提单的风险相对来说比记名提单要大很多。因为提单很可能在寄单过程中遗失或损毁，要是落入他人之手，货物就会被提走转卖，对卖方买方都会造成巨大的不必要的经济损失。指示提单（Order bill of loading）又称来人提单，指船东或者承运人凭提单来人的指示将货物交给被指示的人。这种提单可以流通、转让，一般是通过背书形式转让。

根据租船方式的不同，提单可以分为班轮提单和租船提单。班轮提单（Lliner bill of loading）是指班轮公司出具的提单，租船提单（Charter party bill of loading)是指船东或者承运人签发的提单。一般来说,提单是货物买卖合同中的单据,而这里的租船提单,打破了合同相对性的原理,将承运人与托运人之间的合同也约束进来,如果采用信用证付款结算方式的话,最好要求租船方提供租船合同,以保障自己的合法权益。

根据有无船长和承运人的签章可以将提单分为正本提单和副本提单。正本提单(Original bill of loading),船长或者承运人的签章一般来说具有法律上的效力。一般会要求签发全套的正本提单,提单上会有"正本"的字样。其中一份正本提单提货之后,其余的都会作废。所以,进口商一般在单据的要求中会写明是全套正本提单（Full set original bill of loading）,防止他人冒领提单上所记载的货物。副本提单（Copy bill of loading)是指提单上没有船东或者承运人的签章。提单处会注明是"副本"的字样。其仅具有参考的作用,并不能流通转让,也不能拿着它去目的港要求船东或者承运人卸货交货。

另外,在实际工作中还会遇到比较重要的提单,如倒签提单、预借提单等。

倒签提单(Antedated bill of loading)指承运人应托运人的要求在货物装船后,提单签发的日期早于实际装船完毕日期的提单。一般可分为两种情况:一是善意倒签;二是恶意倒签,即个案中卖方为了单方面的利益私下与船公司勾结起来倒签,这也就是真正意义上的倒签提单。在这种情况下,卖方信用证项下提交的单据基本上无懈可击,即便是接到了买方明示,卖方也不会立即向买方承认事实并主动采取积极的措施弥补自己的错误。

预借提单(Advanced bill of loading)是指因信用证规定的装运期与

结汇期到期而货物因故未能及时装船，但已在承运人掌握之下或已开始装船，由托运人出具保函请求承运人预借的提单。

简而言之，就是指提单在货物尚未全部装船时，或者货物虽然已经由承运人接管但尚未开始装船的情况下签发。如本来提单的签发日应该是2013年7月28日，船东或者承运人将提单的签发日改至2013年8月28日。

签发预借提单归责原因，在于船方未能及时派船，导致实际装船日迟于信用证规定装运日期，因此由托运人出具保函要求承运人即船方预借此提单。

在实际的国际贸易中，采用跟单信用证的付款方式是最常见的，也是最主要的。在这种支付方式下，开证行对于单据的要求是十分严格的，货物的装运期限、信用证的有效期、交单期都是在信用证中作出了明确且详细的规定，卖方只有在完全按照信用证的规定向议付银行提交所需单证后，方能顺利结汇。其中，卖方所提交的提单必须是已装船提单，否则不能结汇。但在实践中，由于种种主、客观方面的原因，经常会遇到下述两种情况：

（1）眼看信用证的有效期即将届满，而货物尚未装船或尚未装船完毕，如果卖方等到货物装船完毕，再凭承运人开出的已装船提单去议付银行结汇，则肯定会超过信用证所规定的结汇期，议付银行会以此为由而拒绝结汇。

（2）货物实际装船完毕的日期迟于信用证规定的装船期限，如果承运人以该日期作为提单签发的日期，议付银行也肯定会以单证不符（提单在签发日期上与信用证的规定不相符）为由而拒绝卖方的结汇请求。

在上述两种情况下，因不能在信用证规定的期限内获取已装船提单而担心结汇受阻的卖方,肯定会焦灼不安。有些卖方遇到这种情况时往往会和承运人协商对策,进而分别采取下述两种方法：

（1）在货物尚未装船或尚未装船完毕的情况下,承运人应托运人的请求即时签发提单,该提单签发日期早于货物实际装船完毕的日期,即预借提单。

（2）承运人在货物装船完毕后,签发提单时,应托运人请求,将提单签发日期提前至信用证规定的装船日期,即倒签提单。

显然，预借提单和倒签提单的共同之处在于提单上载明的签发日期(货物装船日期)与货物实际装船完毕的日期不符,前一个日期是为了满足卖方顺利结汇的需要而虚构的,并且早于后一个日期;预借提单和倒签提单的不同之处在于,被预借的提单是在货物装船日期签发的,被倒签的提单则是在货物实际装船完毕时签发的。两种行为实施时间不同,但它们产生的法律后果是相同的。

还有两种情况是伪造提单、以保函换取清洁提单,无单放货。一些不法商人即利用信用证"单据交易、严格相符"的特点伪造提单,以骗取货款,可能货物根本没有装船,或以次充好,蒙骗客户。

在国际商业中,常常会发生这种情况:承运人欲对表面状况不良的装运货物签发不清洁提单,因为银行不接受不清洁提单,托运人不能凭此结汇，因而往往向承运人出具保函（Letter of indemnity）,简称为"LOI"）,让承运人签发清洁提单,并保证赔偿承运人因签发清洁提单而遭受的损失,以此来换取清洁提单,顺利结汇。

可见,出具保函是出于国际商业的需要,从某种意义上讲托运人和承运人都能得到一定的便利和好处，但实际上对承运人来讲却潜在着很大的风险。一旦收货人持清洁提单向承运人索赔，承运人必须赔付收货人。但承运人持保函向托运人追偿时，是否能得到补偿，则取决于托运人的信誉和要补偿的理由是否与保函中所保事项完全一致。且承运人没有按照货物的实际情况签发提单，已违反了民事流动诚信的原则，往往构成与托运人串通，对善意收货人进行欺诈，如承运人提请诉讼，根据法律规定，任何有欺诈性的合同、协议或保证都不具有法律上的约束力，因此法院不会以保函为依据来判决保函项下发生的货损货差的责任方，承运人因赔偿收货人或提单持有人而遭受的损失不能向托运人追偿。

无提单放货。海运提单是物权凭证，货物运到目的港后，承运人有义务将货物交给正本提单持有人。然而在实际业务中，有时会发生货物先于运输单据到达的情况，在与日本、韩国及东南亚等近洋地区的商业往来中屡见不鲜。因为收货人手头没有正本提单，无法及时提货转卖或销售，会产生货物压仓费用、品质变化、市场价格波动等一系列问题。遇到这种情况，习惯上都是通过担保提货的方式予以解决的。即由收货人向船公司提供一份经银行会签的书面保函，要求在没有物权凭证的情况下先提货日后补交提单。但假如承运人将货物交给非正本提单持有人，有可能造成错误交货构成对提单持有人的侵权。在无提单放货过程中，提取货物的不一定是买卖合同的买方，有可能是冒领人，提货人往往不易查明，也有船方偷货的可能。因此无提单交货风险是很大的，船务代办代理凭保函放货，而不是凭提单放货，这是一种危险自揽的行为。

　　针对上述多种关于提单的案例，作为进出口企业应该积极树立提单风险的防范意识。首先，坚决杜绝或从严把握预借和倒签提单。倒签或预借提单办理结汇，有损外贸企业形象及外运公司信誉，并可能造成经济损失。目前我国港口拥挤、船期不准是客观情况，出口公司在签约、订舱、交货时需充分考虑到这些因素。同时应加强对合同履行各个环节的治理工作，加强与有关部门的配合，必要时应事先想法取得客户的配合。如不得以"预借提单"时，则要留意防止发生实际装货船舶与"预借提单"的船名不相符合的情况，如因无舱位或货物迟延而改装了另一条船。一旦发生这种情况，则应采取紧急措施，坚决追回全套单据，重新缮制，决不可有侥幸心态。从法律责任看，出口方预借提单结汇已构成伪造装运日期，一旦另一方查明事实真相，违约方须承担一定法律责任。如出口方提供了装于甲船"已装船"的"清洁提单"，而货物却装上乙船，无须细查，即可证实出口商预借了提单，仅凭这一点，进口商就可据此拒付货款并提出索赔。而"倒签提单"属托运人和承运人合谋欺骗收货人的行为，因此受害方不仅可以追究卖方的责任，而且可以追究承运人的责任。这种行为的法律后果不管对卖方还是对承运人都是严峻的。

　　其次，我们需要选择资信好的交易伙伴。在国际商业交往中，对客户的资信情况全面了解是保障业务顺利进行的先决前提。若因为对交易伙伴的资信情况没有进行很好地调查和了解，仅凭熟人介绍或贪小便宜与之成交，则往往容易上当，后悔莫及。所谓资信情况好，包括两个方面：一是资产情况好，有相当可观的资产，且经营状况好，有履约能力；二是能在老实信誉的原则上履约，不会随意撕毁契约。选择可靠的船公司(承运人)运载货物。根据目前航运界状况，要完全禁止保函的使用是不容易的,因此选择可靠的承运人则至关重要;装船时承托双方都要严谨,力争做到出现问题早发现,及时解决,避免出保函;承托双方对保函的出具和接受也要慎重,以便在保函项下发生损失后,易于协商解决;因为保函具有承托双方合伙对第三者收货人欺诈的性质,因此,应十分留意选择可靠的承运人运载货物。

最后,当出现涉及提单的纠纷的时候,我们应该积极运用法律手段,及时要求海事司法保护。寻求海事法院的保护时应留意:第一,发现外方有诈骗迹象时,及时向海事法院提起诉讼。一旦国外不法商人的诈骗行为得逞,我方就无处寻觅行骗人,即便能够找到,他也不会等闲应诉,不会等闲执行判决。以伪造单据诈骗为例,假如行骗人伪造的全套单据(包括提单)完全符合信用证的要求,根据《UCP500》惯例,议付行即应履行付款义务。若赶在银行付款之前即诈骗方得到货款之前,及时向海事法院提起诉讼则可避免损失该货款;若在付款之后才向法院起诉,行骗商可能已逃之夭夭,法院作出判决也无法执行。第二,提出诉讼保全措施,这是使不法外商诈骗目的不能得逞的重要措施。申请诉讼保全后,海事法院及时对诈骗者所有或诈骗标的物实施拘留收禁或冻结,确保日后对诈骗案件司法判决的实际进行。但是,假如提出的诉讼保全是冻结信用证项下的货款,则该诉求必须在银行承兑之前提出,由于在远期信用证付款情况下,假如银行已承兑了汇票,则银行在信用证项下的责任就变成了汇票项下的无前提的付款义务,法院也就无权对该货款实施保全措施。

还有一个重要的单据就是包装单。包装单是指出口商针对货物进行的包装而出具的单据。里面可以详细记载关于货物的规格、数量、大小、材质、质地、生产年份、品质等重要商品属性,具体需要记载什么内容在包装单上可以根据国际货物买卖合同进行详细的约定。作为议付单据之一的包装单,作为出口商的话,一定要出具与国际货物买卖合同中约定的包装单要求一致的包装单,不然就可能在信用证为结算方式下,造成单据的不符点,而被议付银行拒付。

此外,重要的单据还有商业发票、工厂质保书、原产地证明等。商业发票作为报关、清关、出口退税和记载商品数量、单价、总金额的详细资料,在国际货物贸易中承担着举足轻重的作用。一般来说都是由出口商开具,合同中会要求不接受第三方出具的商业发票用来保障进口商的合法利益。

工厂质保书(Mill test certificate),也可以称为工厂检验证书,详细记载了关于货物的规格、数量、大小、材质、质地、生产年份、品质等重要商品属性,一般来说是由工厂出具的。原产地证明(Certificate of oringin),记载了商品的原厂地。一些国家在进口商品的时候会要求出具原产地证书,不仅可以确保进口货物的质量,也可以确保国内消费者的利益。这两样单据一般来说都不是作为银行议付的单据,会要求在议付单据之外,以邮寄的方式寄给进口商,因此,会在合同中针对此项特殊的要求作出详细的约定。

这里需要特别注意的是关于保险单的问题,保险单(Insurance policy),是保险人与被保险人订立保险合同的正式书面证明。保险单必须完整地记载保险合同双方当事人的权利义务及责任。保险单记载的内容是合同双方履行的依据,保险单是保险合同成立的证明。如果我们是采购商,向工厂采购货物并且出口至国外,如果是 CIF 采购,就需要要求工厂向我们提供保险单,作为议付单据,一方面,可以要求工厂及时投保货物运输保险,另一方面,也可以要求工厂及时提供所有的议付单据,并且尽快装船,还可以确保货物的运输安全。如果是作为出口商,我们与外商签订国际货物买卖合同,采用的贸易术语也是 CIF 的话,如果在合同中要求我方提供保险单作为议付单据之一的,我们建议删除该条,因为这样对我们来说是一个限制,一项合同上的义务,而且,保险单是由保险公司提供,我们并不能确保保险公司提供的保险单和我们与外商签订的销售合同中的保险单的要求相一致,如果不一致的话,就有可能造成提交单据的不符点,就有可能面临遭到议付银行拒绝议付的危险,从而导致我们的资金被占用,或者引发更深层次的纠纷。

13.出口信用保险

❋ ❋ ❋

案例 25:

我国某进出口公司与越南某进出口公司一直有业务往来,双方的合作也很顺利。双方之前签订了一份国际货物买卖合同,双方约定的付款方式为 O/A(OPEN ACCOUNT)90 天,也就是说在货物到达目的港,越南某公司卸下货物后的 90 天内再向我国某公司支付货款。我国某进出口公司觉得之前与越南这家进出口公司的合作一直很愉快,双方也是建立了长久的合作关系,因此,认为这单业务中货到目的港后再结算货款也是没关系的。于是双方就签订了合同。但是,天有不测风云,越南这家公司由于资金的问题与多家公司出现了债务纠纷,于是很快就宣告了破产,进入了清算程序。我国某进出口公司关于这单货物的货款也一直没能得到清偿,资金占用的利息更是数不胜数。请问,如何能保障我国某进出口公司的利益呢?

案例 26:

我国某进出口公司是一家专门从事玩具出口的公司,之前的销售市场一直都是美洲市场。现在经过考察,我国某进出口公司认为为了开拓国际市场,需要扩展非洲市场。于某年某月某日,终于与一家非洲的贸易商签订了一份出口合同,而且数量也是比较巨大的。可是,这家非洲的贸易商要求以 TT 的付款方式结算,也就是说等货物出运后 90 天内付款。经过咨询法律专家,法律专家建议他们对于这单货物投保中国出口信用保险。把可能会产生的应收货款的风险转移给保险公司。现在保险公司要求我国的某进出口公司提供关于这家非洲某贸易商的一些资料,那么,请问,如果你是我国某进出口公司的负责人,你会准备一些什么资料呢?

专家解析:

案例 25 中的我国某进出口公司,针对此单业务没有相应的保险措施,只是凭借之前与越南某公司的合同履行情况就同意这单业务采用 O/A 货款结算方式。结果,越南某公司进入了破产清算的程序,我国某进出口公司只能自己承担收不回货款的风险。这种情况,我国进出口公司可以向中国出口信用保险公司(简称中信保)投保,将这类应收货款的风险转移给中国出口信用保险公司。

案例 26 中,当中国出口信用保险公司要求我司提供非洲某贸易商的一些资料的情况下,我国某进出口公司的负责人应提供如下信息:主要经营者、股权结构、产品结构、营运能力、销售半径等。

专家支招:

出口信用保险是指信用机构对企业投保的出口货物、服务、技术和资本的应收账款提供安全保障机制。它以出口贸易中国外买方信用风险为保险标的,保险人承保国内出口商在经营出口业务中因进口商方面的商业风险或进口国方面的政治风险而遭受的损失。

出口信用保险(Export Credit Insurance),也叫出口信贷保险,是各国政府为提高本国产品的国际竞争力,推动本国的出口贸易,保障出口商的收汇安全和银行的信贷安全,促进经济发展,以国家财政为后盾,为企业在出口贸易、对外投资和对外工程承包等经济活动中提供风险保障的一项政策性支持措施,属于非营利性的保险业务,是政府对市场经济的一种间接调控手段和补充,是世界贸易组织(WTO)补贴和反补贴协议原则上允许的支持出口的政策手段。全球贸易额的 12%—15% 是在出口信用保险的支持下实现的,有的国家的出口信用保险机构提供的各种出口信用保险保额甚至超过其本国当年出口总额的三分之一。

通过国家设立的出口信用保险机构(ECA,官方出口信用保险机构)承保企业的收汇风险、补偿企业的收汇损失,可以保障企业经营的稳定性,使企业可以运用更加灵活的贸易手段参与国际竞争,不断开拓新客户、占领新市场。

出口信用保险是承保出口商在经营出口业务的过程中因进口商的商业风险或进口国的政治风险而遭受的损失的一种信用保险,是国家为了推动本国的出口贸易,保障出口企业的收汇安全而制定的一项由国家财政提供保险准备金的非盈利性的政策性保险业务。出口信用保险承担的风险特别巨大,且难以使用统计方法测算损失概率,一般商业性保险公司不愿意经营这种保险,所以大多数是靠政府支持来经营的。

出口信用保险诞生于19世纪末的欧洲,最早在英国和德国等地萌芽。1919年,英国建立了出口信用制度,成立了第一家官方支持的出口信贷担保机构——英国出口信用担保局(ECGD)。紧随其后,比利时于1921年成立出口信用保险局(ONDD),荷兰政府于1925年建立国家出口信用担保机制,挪威政府于1929年建立出口信用担保公司,西班牙、瑞典、美国、加拿大和法国分别于1929、1933、1934、1944和1946年相继建立了以政府为背景的出口信用保险和担保机构,专门从事对本国的出口和海外投资的政策支持。

为统一各国出口信用保险业务规范,交流业务经验,共享风险信息,研究风险控制技术,总结和研讨业务发展方向,促进出口信用保险的健康发展。世界出口信用保险机构于1934年成立了名为《国际出口信用保险和海外投资保险人联盟》的国际性组织,由于首次会议在瑞士的伯尔尼召开,故该机构的简称为"伯尔尼协会"。伯尔尼协会对促进和维护世界贸易和投资的发展起着重要的作用。中国出口信用保险公司是伯尔尼协会的正式会员。

二战后,世界各国政府普遍把扩大出口和资本输出作为本国经济发展的主要战略,而对作为支持出口和海外投资的出口信用保险也一直持官方支持的态度,将其作为国家政策性金融工具大力扶持。1950年,日本政府在通产省设立贸易保险课,经营出口信用保险业务。20世纪60年代以后,众多发展中国家纷纷建立自己的出口信用保险机构。

出口信用保险承保的对象是出口企业的应收账款,承保的风险主要是人为原因造成的商业信用风险和政治风险。商业信用风险主要包括:买方因破产而无力支付债务、买方拖欠货款、买方因自身原因而拒绝收货及付款等。政治风险主要包括因买方所在国禁止或限制汇兑、实施进口管制、撤销进口许可证、发生战争、暴乱等卖方、买方均无法控制的情况,导致买方无法支付货款。而以上这些风险,是无法预计、难以计算发生概率的,因此也是商业保险无法承受的。

国际贸易中商业性保险承保的对象一般是出口商品,承保的风险主要是因自然原因在运输、装卸过程中造成的对商品数量、质量的损害。有的商业保险也承保人为原因造成的风险,但也仅限于对商品本身的损害。而这些风险可以计算发生概率,根据概率制定保费以确保盈利。

出口企业为防范出口信用方面的风险,可向出口信用保险公司填写投保单、申请买方信用限额,并在出口信用保险公司批准后支付保费,保险责任即成立。

企业按时申报适保范围内的全部出口,如发生保单所列的风险,企业可按规定向出口信用保险公司索赔。根据支付方式、信用期限和出口国别的不同,保费从 0.23% 至 2.81% 不等,平均为 0.9%。买家拒付、拒收的,赔付比例为实际损失的 80%;其他的为 90%。保险公司在赔付后向买家追讨的受益,按上述比例再分配给投保企业。投保出口信用保险可确保收汇的安全性,扩大企业国际结算方式的选择面(除 L/C 外还可采用 T/T、DP、DA 等),从而增加出口成交机会。同时,投保后可提高出口企业信用等级,有利于获得银行打包贷款、托收押汇、保理等金融支持,加快资金周转。

中国于 1988 年创办信用保险制度,由中国人民保险公司设立出口信用保险部,专门负责出口信用保险的推广和管理。1994 年,中国进出口银行成立,其业务中也包括了出口信用保险业务。其赔偿比率一般为90%左右,必须在实际风险有可能发生之前办妥。

中国出口信用保险公司可以帮助出口企业追讨债务,出口企业需要提供如下债务文件:《贸易合同》《提单》《装箱单》《发票》《报关单》《商品质量检验证书》《可能损失通知书》《索赔申请书》《赔款计算书》等;《权益转让书》《追付委托书》(正本);买卖双方往来的重要函电及对案情的说明等。

下面,我们来了解一下关于信用保险的分类。根据放账期的长短可以将信用保险分为短期出口信用保险、延长期出口信用保险、中长期出口信用保险。

短期出口信用保险(简称短期险)。短期险承保放账期在180天以内的收汇风险,根据实际情况,短期险还可扩展承保放账期在180天以上、360天以内的出口,以及银行或其他金融机构开具的信用证项下的出口。短期出口信用保险主要适用于以下3项:

1.一般情况下保障信用期限在一年以内的出口收汇风险。

2.适用于出口企业采用信用证(L/C)、付款交单(D/P)、承兑交单(D/A)、赊销(OA)等方式。

3.结算方式自中国出口或转口的贸易。

延长期出口信用保险是承保180天到两年之间的出口贸易风险。适用于诸如汽车、机械工具、生产线等货物的出口,此险种也可视为短期出口信用保险的延续。

中长期出口信用保险(简称中长期险),可分为买方信贷保险、卖方信用保险和海外投资保险三大类。中长期险承保放账期在一年以上、一般不超过10年的收汇风险,主要用于高科技、高附加值的大型机电产品和成套设备等资本性货物的出口,以及海外投资,如以 BOT、BOO 或合资等形式在境外兴办企业等。中长期出口信用保险旨在鼓励我国出口企业积极参与国际竞争,支持银行等金融机构为出口贸易提供信贷融资;中长期出口信用保险通过承担保单列明的商业风险和政治风险,使被保险人得以有效规避以下风险:

1. 出口企业收回延期付款的风险;

2. 融资机构收回贷款本金和利息的风险。

实际中,中国信用保险公司为了吸引更多的出口企业向其进行投保信用险,会有一个费率方面的优惠,但是前提是每个保险年度的保险金额可以达到一定的数量,比如一亿美金这样的约定。这样的出口信用保险产品对于大型的出口企业来说,是极具吸引力的,一方面,可以省下一定的保险费率,另一方面,也可以促进企业的出口。

14.滞期与速遣

案例 27:

我国某进出口公司向澳大利亚某工厂按照 FOB 价格进口一批铁矿产品,共 30000 公吨,在国际货物买卖合同中双方互相约定卖方每天应该负责装货 2000 公吨,按照晴天工作日计算。我国某进出口公司运进这批货物的租船合同中约定每天装 2500 公吨,按照连续日计算。在上述两种装货率约定的合同中都约定了滞期费,每天均为 6000 美元,速遣费为滞期费的一半,即每天 3000 美元。结果澳大利亚某工厂作为卖方只用了 13 天（包括两个星期天）就把货物全部装完了。请问,我国某进出口公司作为买方在签订上述两个合同的时候有什么失算的地方?

案例 28:

2012 年 4 月 3 日,我国某进出口有限公司与巴西某进出口公司签订了《货物买卖合同》,我国某进出口公司作为买方安排货物到达目的港后的卸货工作。我国某进出口公司与船东签订了一份《货物运输协议》,双方按照《货物运输协议》的约定,由船东安排了"喜大普奔"轮第 120 航次和第 121 航次为我国某进出口公司运输货物。在两个航次中,我国某进出口公司实际使用的装卸时间均大大超过了约定的装卸时间,产生了滞期费,因此,船东按照合同中约定的仲裁机构——中国国际经济贸易仲裁委员会上海分会提起了仲裁,要求我国某进出口公司支付两个航次中产生的滞期费人民币 3000 万,并要求我国某进出口公司承担船东申请办理本仲裁所支出的办案费和相关的律师费。那么,请问,案例中的船东的仲裁请求能否得到中国国际经济贸易仲裁委员会上海分会的支持呢?

专家解析:

案例 27 中的我国某进出口公司作为买方在上述两个合同签订的时候存在三处失算之处。首先,损失了费用 18000 美元,在装货定额的标准上两个合同互相脱节,我国某进出口公司与澳大利亚某工厂之间签订的国际货物买卖合同中约定的装货率为 2000 公吨,而我国某进出口公司与船东签订的租船合同却约定了装货率为 2500 公吨,这中间有了每天 500 吨的脱节。根据合同相对性的原理,我国某进出口公司只能自己承担这每天 500 吨脱节而产生的损失和责任。

其次,对日期的计算方法也不一致。我国某进出口公司与澳大利亚某工厂之间签订的国际货物买卖合同中约定的为按照晴天工作日计算,而我国某进出口公司与船东签订的租船合同却约定了按照连续日计算,连续日是包括晴天、雨天的,有可能会比晴天日多,也有可能是一致。对于晴天工作日的"除外时间"未能进一步明确用了以后算还是不算,在没有违反规定的情形下,按照习惯,节假日应该除外。

本案例中由于上述的失算,在这笔业务中势必要付给卖方澳大利亚某工厂 4 天的速遣费(本应该是 30000/2000=15 天,对方只用了 13 天,速遣 2 天,再加上两个除外的星期天)共 12000 美元;另一方面,还要付给船方 1 天的滞期费(本应该是 30000/2500=13 天)6000 美元,共计 18000 美元。假如,买方我国某进出口公司内部配合紧密,对两个合同中的装货率标准统一为每天 2000 公吨,均按照晴天工作日计算,并且与卖方澳大利亚某工厂明确"除外时间,不用不算,用了要算",则我国的某进出口公司,既不用向卖方澳大利亚某工厂支付速遣费,也不需要向船东支付滞期费。比如能与船方在合同中明确"除外时间,不用不算,用了要算"的话,我国的某进出口公司还可以向船东收取 2 天的速遣费也就是 6000 美元。

案例 28 中的主要争议在于有关滞期时间的计算,具体到装卸时间的起算,港口行政部门封港时间应否在装卸时间中予以扣除,以及涉案合同中的有关滞期费的规定是否显失公平等问题。

庭审中关于上述争议焦点,双方都展示了自己的观点。关于装卸时间的起算,船东认为合同中的第 4 条已经对装卸期限和滞期费计算方式进行了明确的约定,本案的装卸时间应从"喜大普奔"轮抵达装卸港锚地时开始计算,而不论轮是否已经备妥锚、或者是否抛锚。而我国某进出口公司认为,本案中的租船合同应该为泊位租约,装卸时间应该自船舶靠泊时起算。

关于港口行政部门封港时间应否在装卸时间中予以扣除,船东认为根据合同规定,除外时间是因船方原因或者天气影响导致不能作业的时间,而该封港时间并不属于除外时间。而我国某进出口公司认为,合同中约定因船方原因或者天气影响导致不能作业的时间不应该计算为装卸时间,而船舶作业不仅包括货物装卸、还包括驳运、换泊、平舱等其他作业内容,该港口行政部门封港的 23 个小时应该在装卸时间中予以扣除。

涉案合同中的有关滞期费的规定是否显失公平的问题,我国某进出口公司提出,合同约定的速遣费率为 125,000/天,而滞期费率则为 250000 元 / 天,两者相差太大,显失公平。因此根据《合同法》第 54 条的规定,请求仲裁庭对该条款予以撤销。

经过庭审、抗辩,仲裁庭查明,尽管涉案《货物运输合同》在"第一条、货物运输要求"的第 4 款载明"装货港:黄骅 / 天津 / 秦皇岛,一个安全港口,一个安全泊位。卸货港:珠海高栏,一个安全港口,一个安全泊位",但在其"第 4 条、装卸期限"的第 2 款中却明确规定"装货时间从船舶抵达装港锚地后起计,算至全部货物装毕止;卸货时间从船舶抵达锚地后起计,算至全部货物卸毕止,但船方原因或天气影响导致不能作业的时间除外。计时以船舶航海日志为准"。后者规定的"装、卸货时间从船舶抵达装、卸港锚地后起算"否定了我国某进出口公司强调的该租船合同是"泊位租约"的说法。根据航运市场惯例判断,该租船合同不能视为"泊位租约"。

至于港口行政部门封港时间应否在装卸时间中予以扣除的争议，仲裁庭认为，尽管涉案合同约定除外时间为"因船方原因或天气影响导致不能作业的时间"，但现有证据证明，自船舶到港后，该港口行政部门封港时间并未影响船舶装卸作业。仲裁庭同时认为，此处约定的"作业的时间"仅指"装卸作业的时间"，并不包含诸如换泊、驳运等作业。因此，仲裁庭对我国某进出口公司的"封港时间应在装卸时间中予以扣除"的主张不予支持。

涉案合同中有关滞期费的规定是否显失公平的问题，仲裁庭认为，该租约第 4 条第 3 款"如实际装卸时间超过约定的装卸时间，则甲方按人民币 250000 元 / 天（人民币贰拾伍万元整每天）的费率向乙方支付滞期费。不足一天，按比例计算。一旦滞期，永远滞期。速遣费率为 125000 元 / 天（人民币壹拾贰万伍千元整每天）"的约定，符合航运市场的惯例，也体现了订约双方订约当时的真实意思表示，该约定并无不当。

专家支招：

在国际贸易中，大宗货物多数采用程租船运输。由于装卸时间直接关系到船方的经济效益，在租船人负责装卸货物的情况下，租船合同中船方一般对货物的装卸时间要作出明确规定，并制定罚款和奖励办法，用以约束租船人。但是，在业务中，负责装卸货物的不一定是租船人，可能是买卖合同的另一方，如 FOB 合同的租船人是买方，而装货是卖方；反之，CIF 合同的租船人是卖方，而卸货的则是买方。因此，负责租船的一方为了敦促对方及时完成装卸任务，就必须在买卖合同中规定装卸时间、装卸率和滞期、速遣条款。对于航次，可以将其划分为 4 个阶段，分别为去装港的航次、装货、去卸港的航次、卸货。去装港和卸港的航次完全是船东的风险，装货和卸货就会在租约中做相应的规定用来区分船东和承租人的权利义务。航次计算和滞期费的关系，普遍的说法是固定装卸时间是承租人通过支付运费买回来的。但是超出了固定装卸时间，英国合约法来看，是违反"保证条文"的违约，需要作出金钱上的赔偿，通过租约约定船期延误要赔偿 demurrage 就此产生。而 dispatch 是理所当然的事，不存在默示的奖励。承租人就需要通过租约的明示条文赚钱"dispatch"。"一旦滞期，永远滞期"也就是为了赔偿船舶延误的损失而产生的。

装卸时间（Lay time），是指允许完成装卸任务所约定的时间。一般以天数或小时来表示。Lay time 的确定，主要有以下几种：

（1）规定装卸货物的定额标准，即每船或每个舱口每个工作日装卸若干吨。

（2）规定固定的装卸天数，即不规定装卸率，可规定装卸总的天数。

（3）按港口习惯快速装卸（Customary Quick Despatch，简称 C.Q.D.），即不具体规定装卸率或可用于装货和卸货的天数，而按照有关港口习惯的装卸方法和装卸速度尽快装卸。

在约定的装卸期限内，还要具体明确装卸时间的计算方法，计算方法一般有以下几种：

（1）按连续日（或时）（Running consecutive days/hours），指按 24 小时应为一个连续日，其中没有任何折扣。

（2）工作日（Working days），指按照港口习惯，属于正常工作的日子，周末、节假日等除外。

（3）晴天工作日（Weather Working days），指天气晴好的工作日，周末、节假日、天气恶劣不能进行装卸作业的工作日都除外。

(4)连续 24 小时晴天工作日(Weather Working days of 24 consecutive hours),连续的 24 小时计为一个工作日,周末、节假日、天气恶劣不能进行装卸作业的工作日都除外。

装卸时间开始计算的先决条件:船舶抵达(Arrived ship)租约约定的装卸地点,进行了详细的介绍。它将租约分为泊位租约(Berth charter)和港口租约(Port charter),其中泊位租约分为两种情况,一种是在租约合同中明确约定哪个泊位,另一种,也是最常见的一种是承租人在合理时间内告知船东具体的泊位。船东为了将泊位拥挤的风险转嫁到承租人头上,就会在合同中加入:如,whether in berth or not, time lost waiting for berth to account as laytime(等泊时间算 Lay time),或要求承租人指定一个"船舶一抵达即可马上挂靠的泊位"等措辞来保障自己的权益。

港口租约,只要船舶抵达港口的锚地或候载停泊区"lay-be-berth"即可起算 Lay time,一旦开始计算,除非有针对性的免责条款去停算或有船东的过错或延误,不会停止计算。也就是将等泊位的时间损失风险合理地转嫁到了承租人头上。港口范围有的以商业区为准,还有的以港区为准,这个也是没有定论的。

Lay time 开始起算的先决条件之二是船舶备妥装卸。这里的船舶备妥装卸包括船舶实质上(Physically)与法律上(Legally)已经是备妥可以马上去进行装卸作业。其备妥程度与货物、性质(清洁或肮脏)、是否是部分货物以及是否是两到三个装港而异。实质备妥主要体现在两个方面,一方面是船舶装货的地方(Cargo spaces)已经备妥。比如干货轮要求船舱备妥、油轮要求油柜备妥。另一方面是船舶已经备妥装卸作业所需要的设备和设施。法律上的备妥是指所有涉及船舶的有关文件已经妥善。如一些例行手续,包括检疫(Free pratique)、清关(Custom clearance)。

Lay time 的起算先决条件之三就是递交准备就绪通知书——NOR。NOR 马上发出,Lay time 往往是不足够的,因此会有要求船东或者租船方应该通知承租人 ETA,或者 NOR 发出 12/24 小时后再起算 Lay time,给承租人准备卸货的时间。

普通法没有对 NOR 的形式做出规定,也就是说可以口头约定,但是实际一般都是书面居多,可以将来用作证据。《滞期费和装卸时间》一书还对 NOR 的递交时间、对象、内容都做了详细的介绍。如果 NOR 没有说明船舶抵港/抵达泊位及船舶已经全部备妥,就是无效的,仅仅是一个初步通知。双方可以约定在 OFFICE HOURS 发出 NOR,一方面船东怕没人理会,另一方面也是为了保障承租人能够及时作出卸货安排。但是对于 OFFICE HOURS 的理解又是仁者见仁。因此,有必要在租约中明确 OFFICE HOURS。如果 NOR 不在 OFFICE HOURS 发出会无效吗?答案是否定的。因为办公时间仅仅是形式要件,与实质要件,如船舶是否抵达目的港/泊位以及船舶是否全部备妥没有关系,可以理解为是初步通知,而不会导致 NOR 无效。事实上,就算 NOR 在凌晨发出,真正的卸货开始也是要在办公时间的。现在大部分的租约合同中将船东或者出租人的利益最大化,NOR 随时都可以发出,这样约定的结果就是将时间的风险尽量转给承租人。

各国习惯上都以货物装完或卸完的时间作为装卸的止算时间。在实务当中,当船舶到达装卸货地点、船舶在各方面已做好装卸货准备,并递交了准备就绪通知书后开始起算装卸时间。金康(Gencon)合同对装卸时间的起算规定如下:如准备就绪通知书在中午 12:00 之前(包括 12:00)递交,装卸时间从 13:00 起算;如通知书在中午 12:00 以后递交,装卸时间从下一个工作日上午 6:00 起算。当我们作为采购方时，要尽量延迟起算装卸时间，一般可以接受在 NOR 发出后 12 小时开始计算。此外，如果船舶的锚地是长江口，一般不允许在那里发出 NOR，因为长江口比较拥堵，难以估计船舶靠泊的时间。

装卸率（Load/Discharge rate）是指每日装卸货物的数量。一般按照港口的正常装卸速度，实事求是规定，不能过高也不能过低。过高，完不成装卸任务，要承担拖期损失；过低，虽然能提前完成任务，但船方会因装卸率低、船舶在港时间长而增加运费，也使租船人得不偿失。

滞期费（Demurrage）是指在规定的装卸期限内，租船人未完成装卸作业，给船方造成经济损失，租船人对超过的时间向船方支付一定的罚金。如果租船人未能在约定的装卸期限内完成作业，超过部分的时间为"滞期时间"，承租人必须向船舶出租人支付一定的费用，以补偿船舶出租人因船舶发生滞期而遭受的损失，该笔费用称为滞期费，根据《1993年航次租船合同装卸时间解释规则》，滞期费是指"因不是出租人的责任所造成的，超过装卸时间的船舶延迟而付给出租人的约定金额。滞期不适用装卸时间的除外规定"。滞期费等于滞期时间和约定的滞期费率的乘积。

在英国，滞期费被认为是预先约定的违约金（Liquidated damages），而在美国，滞期费被认为是延期运费（Extended freight）。滞期费率通常在租船合同中约定，为每天多少金额。有些合同规定，超过一定的滞期时间后则必须支付额外滞期费或者船期损失。只要滞期费发生，船舶就处于滞期状态（On demurrage）。一旦船舶处于滞期状态，在计算滞期费时就不再减去周末这样的除外时间，所以有这样的说法：一旦滞期，永远滞期（Once on demurrage，always on demurrage）。

速遣费(Dispatch money)是指在规定的装卸期限内,租船人提前完成装卸作业,使船方节省了在港开支,船方向租船人支付一定的奖金。按惯例,速遣费一般为滞期费的一半。滞期、速遣条款的规定要与租船合同规定的内容协调起来,避免出现一面支付滞期费,另一方面又要支付速遣费的矛盾局面。常见的,速遣费率与滞期费率相等,或为一半。速遣费的计算时间有两种:一是"按节省的全部时间(All time saved)"计算,那么承租人在合同规定的装卸期限内完成货物装卸,它所节省的时间不应扣除例外条款规定的时间或节假日;二是"按节省的全部工作时间(All working time saved)"计算,那么承租人在合同规定的装卸期限内完成了货物装卸,其所节省的时间应扣除例外条款中规定的时间或节假日。

15.船舶与航程

❖ ❖ ❖

案例 29:

我国某进出口公司是一家大型的钢材贸易企业,主要从外国进口一些铁矿石原料,再转卖给中国的钢材工厂等。其铁矿石原料一直是从巴西、澳大利亚等地进口,与那边的进出口企业都保持着良好的合作关系。我国某进出口公司与巴西一家原料开采商签订了一份镍矿买卖合同。双方约定的贸易术语为 CFR,装港为巴西某主港,卸港为天津京唐港,根据镍矿实际的铁含量进行结算,结算方式为我国某进出口公司向巴西这家开采商开具一张不可撤销的、不可转让的即期的全额信用证。货物的卸货工作由买方我国某进出口公司进行负责,卸率、滞期、速遣都按照租船合约进行安排。货物按照合同的约定如期装运出港了,但是天有不测风云,货物到达新加坡时触碰到了海上的暗礁,沉船了。我国某进出口公司向保险公司进行索赔, 但是保险公司却说卖方租用的船只已经超过了投保的船龄的限制,因此,不能全额向我国某进出口公司进行赔偿,那么,请问,保险公司的做法正确吗?船舶的保险需要考虑什么要素呢?

案例 30:

我国某进出口公司与我国某船舶公司签订了租船合同,打算将一批货物从天津京唐港运送至韩国仁川港。合同中约定船东需要对货物运输航行途中的损毁、灭失负责,除货物本身的质量问题外。但是,船东又与别的贸易公司签订租船运输合同,将船舶的其中一部分舱位租给了他们,装货的工作也是由这家贸易公司自己负责进行。货物全部装船后,如合同中约定的船期如期载运。但是在一个月后,我国某进出口公司却收到了客户的投诉,说货物有严重的质量问题,拒绝接收货物。我国某进出口公司派代表去到韩国仁川港后,的确发现货物被挤压。很明显,这是货物在运输途中造成的挤压变形。于是,我国某进出口公司打算向船舶公司进行索赔。可是船舶公司认为其装货的义务已经履行,而且是由于第三方造成的挤压、变形,我国某进出口公司应该向第三方索赔,而不是船舶公司。那么,请问,我国某进出口公司应该向谁进行索赔呢?

专家解析：

案例 29 中我国某进出口公司与巴西某原料开采商签订的镍矿买卖合同，双方约定的贸易术语为 CFR，也就是说巴西某原料开采商负责租赁运输货物的船只，而货物在运输途中的保险是需要由我国某进出口公司向保险公司进行投保的。然而，关于船舶的一切情况均需要由卖方巴西某原料开采商负责告诉买方我国某进出口公司，以便我国某进出口公司正确合理地投保。这单货物是镍矿，其水分含量相对来说比较大，因此对于租船的要求相对来说也是比较高的，一般来说会租赁一些船龄较小的、适航性较好的、较少出事故的船舶。在本案例中，船舶是由卖方巴西某原料开采商进行指定和租船，但是在货物运输过程中却在新加坡触礁发生了沉船事故，保险公司因为船舶的船龄没有达到相应的运输镍矿的要求，认为投保人没有及时明确地告知保险标的的情况而拒绝赔偿买方我国某进出口公司的全部损失。保险公司的做法也是正确且合理的。因此，在本案中，我国某进出口公司有权要求卖方巴西某原料开采商承担向买方隐瞒实际船龄而导致买方没有正确投保的损失。

案例 30 中的我国某进出口公司与船舶公司签订的运输合同，船舶公司也签发了清洁提单，只要不是货物本身的质量问题，船舶公司就应该向我国某进出口公司承担货物被挤压、变形的损失。船舶公司再去向第三方索赔。

专家支招：

海洋运输是国际贸易中最重要的运输方式之一，因此，对于船舶的要求也是相对来说比较高的。对于船舶的要求会因为货物的不同而不同。如案例中的这单货物是镍矿,其水分含量相对来说比较大,因此对于租船的要求相对来说也是比较高的,一般来说会租赁一些船龄较小的、适航性较好的、较少出事故的船舶。

一般来说,对于船舶的要求有船龄、船级、船籍等。下面一一进行介绍。

船龄是指船舶建造的时间,一般来说,船龄在 20 年以下的都是新船,适航性相对比较好。30 年以上的就是老船了。如果运输一些特殊的商品的话,需要向保险公司投保船舶的老龄险。至于哪一方来缴纳老龄险,可由双方在合同中进行详细约定的,如果一方不是租船一方,但是是投保一方,就需要要求另一方及时提供船舶的资料,以便及时向保险公司投保。

船级是表示船舶技术状态的一种指标。在国际航运界,凡注册总吨在 100 吨以上的海运船舶,必须在某船级社或船舶检验机构监督之下进行监造。在船舶开始建造之前,船舶各部分的规格须经船级社或船舶检验机构批准。每艘船建造完毕,由船级社或船舶检验局对船体、船上机器设备、吃水标志等项目和性能进行鉴定,发给船级证书。证书有效期一般为 4 年,期满后须重新予以鉴定。

船舶入级可保证船舶航行安全,有利于国家对船舶进行技术监督,便于租船人和托运人选择适当的船只,以满足进出口货物运输的需要,便于保险公司决定船、货的保险费用。

所以一般会在合同中要求船舶的船级,如英国劳埃德船级社。它创建于 1760 年,是世界上历史最悠久、规模最大的船级社。该船级社由船东、海运保险业承保人、造船业、钢铁制造业和发动机制造业等各方面

委员会组成并管理,其主要职责是为商船分类定级。下面是世界上著名的船级成员:

船级 CLASS

国际船级社协会(IACS)成员

英国劳氏船级社　LR(Lloyds Register of Shipping)

德国船级社　GL(Germanischer Lloyd)

挪威船级社　DNV（DET NORSKE VERITAS）

法国船级社　BV（Bureau Veritas）

美国船级社　ABS

中国船级社　CCS

日本海事协会　NK（Nippon Kaiji Kyokai）

俄罗斯船舶登记局　RS（Russian Maritime Register of Shipping）

意大利船级社　RINA（RegistroI taliano Navale）

韩国船级社　KR

印度船级社　IRS

下面,我们还要解释一下一个关于船舶的重要知识点,那就是船舶的受载期。例如:某船的受载期(Laydays)为 8 月 12 日至 17 日,即 8 月 12 日至 17 日期间内(包括 12 日与 17 日当天),皆可受载。这就是说,船东有义务把船在此期内赶到指定地点且做妥一切受载准备,而承租人有义务在此期内给船受载。这里需要区别一个重要的概念,那就是 Laycan(lay days and canceling date)的缩写。意思就是:以一段日期作为受载期,过此期限,承租人有权决定是否解除合同。例如:如 Laycan 为 8 月 12 日至 17 日,即 8 月 12 日为承租人必须开始受载的第一天(若船按时按条件抵达),17 日为最后一天,过了 17 日,承租人有权决定是否解除合同。租家只有权对迟到船解除合同而无权对船东索赔其损失,除非由于船东违约而使船迟到。

在实际租船过程中,我们需要关注船东会不会不合理地绕航、航次、货物的装卸过程以及租约中的具体细节。作为需要租船的一方,往往不会亲自去跟船东租船,而会委托船代,因此,这里需要明确一下什么是船代,以及船代的具体职责。

船代,即代理与船舶有关业务的单位,其工作范围有办理引水、检疫、拖轮、靠泊、装卸货、物料、证件等。船代负责船舶业务,办理船舶进出口手续,协调船方和港口各部门,以保证装卸货顺利进行,另外完成船方的委托办理事项,如更换船员、物料、伙食补给、船舶航修等。有时船方也会委托船代代签提单。

16.换单

案例31:

我国某进出口公司是一家专门向欧美国家出口玩具的公司,其货物来源为从东南亚国家进口,2012年12月份,由于欧美国家的圣诞节即将来临,因此,我国某进出口公司的生意在这个月一直火爆。有一单业务中,我国某进出口公司先后与泰国某贸易公司、美国某贸易公司签订国际货物买卖合同,分别作为买方和卖方赚取贸易中间差。两份合同都约定,装货港为泰国某主港,卸货港为美国某港,贸易术语均为

CER,货款结算方式均为不可撤销的、不可转让的即期信用证。议付单据均有货物装上船舶的清洁提单,装箱单、商业发票。其中提单上的发货人均为泰国某贸易公司,收货人均为美国某贸易公司。这样的贸易操作模式一直都在进行,可是最近的一个月,我国某进出口贸易公司发现泰国某贸易公司与美国某贸易公司与自己之间的生意均没有了往来。那么,请问,为什么会产生这样的问题? 作为中间的贸易商应该怎样避免自己的上、下家不通过自己而做生意呢?

案例 32:

我国某进出口公司与一家船舶公司具有长期良好的合作,我国某进出口公司既不是实际货物的供应商,也不是实际购买商,扮演的仅仅是中间贸易商的角色。前几年,中间贸易商还是很有发展前途的,但是随着国际经济的发展和日益加大,中间贸易商的发展也充满着坎坷。幸亏,我国某进出口公司有着优秀的员工,想到为了切断实际供应商与实际购买商之间的商业联系,需要换取提单的过程,但是,毕竟不是专业的贸易人才,这中间涉及换单的过程需要什么材料,还不是很清楚,那么,请问,如果你是专业的贸易人才,当客户向你咨询此类问题时,你该如何给出答复呢?

专家解析:

案例 31 中的我国某进出口公司分别与泰国某贸易公司、美国某贸易公司签订国际货物买卖合同,合同中的结算方式也是均为不可撤销的、不可转让的即期信用证。议付单据都是相同的三种:货物装上船舶的清洁提单、装箱单、商业发票。其中提单上的发货人均为泰国某贸易公司,收货人均为美国某贸易公司。这样的做法会有一个危险,那就是通过提单上的发货人、收货人联系到真正的卖方和买方，从而不需要通过我国某进出口公司这一贸易中间商。

因此，作为中间贸易商我国某进出口公司为了防止真正的卖方——泰国某贸易公司与真正的买方——美国某贸易公司之间直接进行生意往来，就需要在提单上下足功夫。这就需要换单，也就是所谓的换"提单"这一过程。其中，第一份提单是我国某进出口公司与真正的供应商——泰国某贸易公司之间的提单，收货人为我国某进出口公司，发货人为泰国某贸易公司。然后我国某进出口公司通过与船公司商量，支付一定的换单费，拿着第一份提单向船公司换取第二份提单，发货人改为我国某贸易公司，收货人改为美国某贸易公司。这样就切断了实际供应商与实际购买商之间的商业联系，从而保住了自己国际贸易中间商的地位。

案例 32 中的我国某进出口公司为了保全自己的中间贸易商的地位，切断实际供应商与实际购买商之间的商业联系，想到了向船公司换取提单的做法，这无疑是正确且值得提倡的。但是因为公司缺乏专业的贸易人才，不知道换取提单的过程中需要履行什么手续，其实很简单，换取提单的对象是船舶公司，一般来说，需要向船舶公司提供之前签发的第一份提单，包括正本提单，印有"Original"字样，并且有船舶公司发货港代理的签字盖章，还需要提供副本提单，且要求字迹清晰可见，内容完整。因为提单是代表的货物物权，只有提供原来的那份提单，才能向船东换取第二份提单，有时候，船东为了保障自己的合法权益，还会要求贸易中间商或者需要换取提单的主体签发一份保函，保证由此换单产生的或者可能产生的所有费用、损失均由中间贸易商或者需要换取提单的主体承担。

专家支招：

一般来说，国际贸易中会有三个主体，即实际供应商、实际购买者、中间贸易商。还会涉及两份国际货物买卖合同，即实际供应商与中间贸易商之间的国际货物买卖合同、中间贸易商与实际购买者之间的国际货物买卖合同。其中还会涉及两份提单，第一份提单的发货人为实际供应商，收货人为中间贸易商；第二份提单的发货人为中间贸易商，收货人为实际购买者。在换取提单的过程中，中间贸易商在整个换单过程中扮演着一手操控的角色。换单的实质就是为切断实际供货商和购买商的联系而在提单签发过程中采取的措施。

中间商付清货款和运费后，从供应商处取得第一套提单；中间商马上找船公司去换第二套提单：换提单的地点由中间商选，可以是发货地、收货地，也可以是第三地，反正一般都是中间商比较熟的地方；提单的发货人换成中间商，收货人变成真正的购买商。谁持有提单，谁就有货权，他想怎么换就怎么换，当然，条件是要付船公司换单费，大约USD50左右。

对于船公司而言，换单操作起来实在复杂。因为涉及到不同OFFICE对同一套舱单的更改，加上柜子到港清关的时限要求，处理起来很是棘手。

换单应该叫SWITCH B/L，有的需要在第三地换单，收货人和发货人都会变，这样主要是由于三方贸易的关系，比如货从大连走，走的发货人是A，收货人是B，但是客人要求在香港换单，收货人变成了发货人，而C才是真正的收货人，这样主要是怕泄露国外客人的机密，行话叫 HBL,货代直接以自己的名义去船公司出 HBL,发货人显示真正的发货人，比如目的港的工厂或贸易公司，收货人显示货代，货代再出份 HBL 给真正的目的港收货人,其抬头显示在提单收货人栏,发货人显示货代抬头。

如果是目的港换单,就是用正本提单换提货单,或者是拿着保函和电放号换提货单。

进口二次换单是由于转船运输，必须凭一程正本提单换取二程提单传真件。凭传真件换取提货单。

二次换单跟转船没关系的，主要由于发货人没直接拿到船公司的 MASTER B/L,而是找了货代公司订舱，由货代公司签发 HOUSE B/L 给发货人，用来在目的港换单造成的。这样就需要收货人在目的港找到 H B/L 上的换单代理(即发货人那边,签发 H B/L 的公司,其在目的港合作伙伴,可能是分公司,也可能是合作公司),先换取 M B/L(一次换单),再以 M B/L 向船公司进行换单(二次换单),然后才能申报,提货(有部分海关可以以 H B/L 申报)。两次换单会产生两次的换单费用,一般来说,海运费也可能会产生差价。

换单需要向船公司提供完整有效的一套提单，因为提单是代表货物的物权,谁持有提单谁就可以向船公司要求提取货物,因此,船公司为了保障自己的合法权利,就需要在换单时提交原来的那份旧提单。要求提供正本提单:应有"Original"字样,并有船公司发货港代理的签字盖章。副本提单:字迹清晰可辨,内容完整。记名提单应有与提单收货人一致的公章真迹背书，指示提单应有与提单发货人一致的真迹背书及提单持有人的公章真迹背书。持副本提单换单应出具有收货人公章的真迹背书的保函,且副本提单与保函上的背书应一致。换单前,应向船公司了解所持提单之到达目的港的船名航次,并将贵司联系方式留在提单背面。换单后,应仔细核对提单与提货单内容。如发现问题,可及时向经办人员问询。

进口舱单更改:依据船公司的进口舱单更改指示,提供进口舱单更改服务。进口舱单更改所需提供的单证资料如下:

1. 船公司的进口舱单更改情况说明书;

2. 正确的进口舱单复印件;

3. 海关要求提供的其他单证资料。

主单 Master bill of lading ,由船公司出具,提货可以直接在目的港船公司代理处提货。

分单(小单),House bill of lading,货代可以出,提货时在目的港要换单,换成船公司的才能提货。因为小提单提货要产生换单费,用 HOUSE 单不能直接提货的,只有换成船公司主单才能提货,所以一般进口商不愿意接受小提单,尤其是不用自己指定货代的情况下。

HBL 是代理单,MBL 是海运提单。

代理单可以倒签,但是海单就要看船公司了,很多都是有限制的,例如时间限制,或者有些不允许倒签,信用证如果有要求的话是不一样的,一般情况下 HBL 是需要换 2 次单的,因为船公司把 MBL 的 Shiper 写的是 Agent 的名字。如果出的是 MBL 的话,Shiper 是写的真正的发货人的名字。

货代提单:不是物权凭证,由货主换成船东提单才能提货。

船东提单:是物权凭证,直接可以提货的。

17.各类保函

案例 33：

我国某进出口公司与一家越南某贸易公司签订了关于一批货物的国际货物买卖合同。双方在合同中约定贸易术语为 CFR，装运港为中国某主港，卸货港为越南某主港。结算方式为不可撤销的、不可转让的即期信用证，双方约定的向议付银行提交的单据为提单日后 15 天。合同签订后，双方按照合同的约定各自履行义务，越南某贸易公司如期向我国某进出口公司开具了一张不可撤销的、不可转让的即期信用证。我国某进出口公司按照合同的约定将货物集港、装港、出运。但是，天有不测风云，货物到达了目的港越南某主港后，提单还没有寄到越南某贸易公司的手上，那么，请问，这批到港的货物该如何处置？

案例 34：

我国某进出口公司与印度某公司签订了关于一批货物的国际货物买卖合同，双方在合同中约定，贸易术语为 CIF，装运港为中国天津港，卸货港为印度某主港，结算方式为由印度某贸易公司向我国某进出口公司开立一张以我国某进出口公司为受益人的即期信用证。同时，合同中还约定允许印度某贸易公司向船公司出具电话提单保函。那么，请问，如果你是我国某贸易公司的法律顾问，当这样的合同放在你面前时,你应该如何建议公司呢?

专家解析:

案例 33 中的情况在日常国际贸易中是很常见的。货物到达了目的港,而提取货物的凭证——提单还没有到达收货人的手中,导致收货人无法凭借提单提取在目的港的货物。一般情况下,是由于航程较短,单据邮寄时间过慢或者在邮寄过程中单据遗失,或者船东与收货人串通,会导致无单放货的问题。但是反过来,无单放货,对于船东来说,风险也是极大的。因为,毕竟,提单是物权的凭证。手持正本提单的人只要在货物到达目的港后,随时可以凭借正本提单向船东收取货物。因此,一般情况下,在货物到达目的港后,提单还没有到收货人手中时,收货人为了不被港口索要巨额的堆存费和滞期费或者可以在货物销售旺季时及时销售,往往会给船东开具一份提货保函(Letter of indemnity),也就是无单放货的保函。收货人可以向银行申请开立提货保函,这里的银行一般情形下是开立信用证的开证行。这份提货保函以船公司为受益人,要求船公司允许进口商不凭正本提单提货。对于由此而使船公司承担的一切费用、责任和风险,银行保证进行赔偿。而且,担保行保证一旦收到卖方寄来的正本提单或找到遗失的提单,将及时交予船公司从而换回保函并注销。

因此,案例 33 中的越南某贸易公司可以向自己的开证行申请由开证行开立一张以船公司为受益人的提货保函,及时提取在目的港的货物。

案例 34 中的国际货物买卖合同中约定印度某贸易公司可以凭借电放提单保函提取货物,首先,作为我国某贸易公司的法律顾问,先要弄清楚什么是电放提单。

电放，也就是电报放货的简称。在船公司收取货物后，托运人（卖方）向船公司提出电放申请并提供保函，船公司接受申请后向托运人签发"电放提单"（在已经签发传统提单情况下则收回以后再签发"电放提单"），之后马上以电讯方式（包括电报、电传等）通知目的港船代，允许该票货物由托运人指定的收货人凭身份证明或者自己盖章后的"电放提单"传真件提货；等货物到达目的港时，收货人就可以凭身份证明或者盖章后的"电放提单"传真件向船公司提取货物。这种情况下，出提单的船公司会要求放弃正本提单的货主出具保函，证明正本提单是货主自己放弃的，如果出现问题由货主自己负责，这个保函就是电放保函。

这样的电放提单对于我国某进出口公司来说是存在较大危险的。这样的保函我们也最好不要接受，建议最好删除这样的条款。

专家支招：

实际在国际贸易中我们会遇到各种各样的保函，如清洁提单保函、预借／倒签／顺签提单保函、提货保函、转换提单保函、电放提单保函等。

清洁提单是指没有任何有关货物外表状态不良批注的提单，表明承运人在接受货物时，货物的表面状态良好。所谓外表状态，指承运人凭目力所能观察到的货物状况。《UCP600》第 27 条规定，银行只接受清洁运输单据。当承运人、船长或承运人的代理人依大副收据签发的提单中包含了明显申明货物及／或包装有缺陷的批注时，托运人无法凭此提单结汇。这种情况下，托运人以保函的形式要求承运人删除批准，出具清洁提单，并保证承运人因签发清洁提单而产生的有关货物的赔偿责任由托运人承担。这种保函，即为清洁提单保函。

预借提单指在货物尚未全部装船时，或者货物虽然已经由承运人接管但尚未开始装船的情况下签发的提单。

倒签提单指承运人应托运人的要求在货物装船后，提单签发的日期早于实际装船完毕日期的提单。

顺签提单是指货物装船后，承运人或者船代应货主的要求，以晚于该票货物实际装船完毕的日期作为提单签发日期的提单。

因信用证规定的装运期和结汇期与实际装船期不符，由托运人出具保函要求承运人按照信用证规定的装运期和结汇期签发提单，以保证顺利结汇，同时保证承运人因签发此类提单而产生的有关货物的赔偿责任有托运人承担。

在国际贸易特别是近洋贸易中，有时会出现货物比单据先到达目的港的情况。进口商在尚未收到正本提单或提单在邮寄途中遗失的情况下，如果希望及时提取货物，以减少码头仓储费用和避免货物压舱变质，或是为了赶上最佳销售季节尽早获得转售利润，可以向银行申请开立提货保函，以船公司为受益人，要求船公司允许进口商不凭正本提单提货。对于由此而使船公司承担的一切费用、责任和风险，银行保证进行赔偿。而且，担保行保证一旦收到卖方寄来的正本提单或找到遗失的提单，将及时交予船公司从而换回保函并注销。

转换提单是指承运人（或承运人的代理人）签发的第二套提单，用以替换装船时所签发的提单。被要求签发第二套提单的代理人通常位于装货港以外的港口。提单持有人（出于某些原因）可能认为第一套提单已不适合，而要求承运人签发转换提单以满足其新要求。签发第二套提单对承运人而言是一种极其危险的做法。同一票货物同时流通两套提单的危险是显而易见的，船东通常要求提单持有人出具保函，保证赔偿船公司可能遭受的一切损失。

除了知道这些保函的含义外，我们还需要知道这些保函的法律效力。

清洁提单(Clean B/L)指提单上未附加表明货物表面状况有缺陷的批注的提单。承运人如签发了清洁提单，就表明所接受的货物表面或包装完好，承运人不得事后以货物包装不良等为由推卸其运送责任。在签发清洁提单的情况下，如交货时货物受损，就说明货物是在承运人接管后受损的，承运人必须承担赔偿责任。

国际贸使用清洁提单在国际贸易实践中非常重要，买方要想收到完好无损的货物，首先必须要求卖方在装船时保持货物外观良好，并要求卖方提供清洁提单。根据国际商会《跟单信用证统一惯例》第34条规定："清洁运输单据，是指货运单据上并无明显地声明货物及／或包装有缺陷的附加条文或批注者；银行对有该类附加条文或批注的运输单据，除信用证明确规定接受外，当拒绝接受。"可见，在以跟单信用证为付款方式的贸易中，通常卖方只有向银行提交清洁提单才能取得货款。清洁提单是收货人转让提单时必须具备的条件，同时也是履行货物买卖合同规定的交货义务的必要条。

由于保函换取提单的做法，有时确实能起到变通的作用，故在实践中难以完全拒绝，我国最高人民法院在《关于保函是否具有法律效力问题的批复》中指出："海上货物运输的托运人为换取清洁提单而向承运人出具的保函，对收货人不具有约束力。不论保函如何约定，都不影响收货人向承运人或托运人索赔；对托运人和承运人出于善意而由一方出具另一方接受的保函,双方均有履行之义务。"承运人应当清楚自己在接受保函后所处的地位,切不可掉以轻心。

1.清洁提单保函

1)承运人与收货人之间:无论是否有清洁提单保函的存在,也无论该保函是否具有欺诈性质,只要货物实际与提单不一致,收货人都可以向承运人索赔。若保函有效,承运人可享受责任限制,在赔偿收货人后,可以凭保函要求托运人赔偿其对收货人作出的赔付;否则,承运人将丧失责任限制的权利,同时无权要求托运人履行保函。

2)托运人与收货人之间:若卸港货物质量和包装与买卖合同不一致,收货人可凭贸易合同向卖方(可能是托运人,也可能不是)索赔。但此时,清洁提单将作为卖方交付的货物表面状况和包装良好的初步证据,收货人要以贸易合同要求卖方赔偿,必须证明货损是在装船前就存在的。

3)托运人与承运人之间:托运人与承运人之间的关系原以海上运输合同确定,但保函的出现代表托运人许诺承担承运人因签发清洁提单而产生货物损害赔偿责任。但此时,仍需看保函是否有效,在什么范围内有效。若保函有效,承运人可享受责任限制,在赔偿收货人后,可以凭保函要求收货人赔偿其对收货人作出的赔付;否则,承运人将丧失责任限制的权利,同时无权要求托运人履行保函。

各国法律对清洁提单保函效力的认定:

1)英国、美国、国际商会:否认保函的效力。承运人在赔偿了收货人或提单持有人因不正确提单内容所遭受的损失后,不能以保函向发货人补偿。理由是:船方明知其在提单上的记载是不真实的,该保函具有欺诈性。依据普通法原则"欺诈使一切归于无效",保函亦无效。

2)法国、汉堡规则、中国(最高院《关于保函是否具有法律效力问题的批复》):

保函对第三人无效。第三人包括背书受让人、收货人、银行、保险人及所有非保函当事方。善意保函有效,承运人可依据保函对发货人提起诉讼。恶意保函无效,承运人不能依据保函要求发货人承担保函责任。

判断保函效力的标准:

视承运人是否存在向第三人隐瞒真实情况而使第三人遭受损失的"恶意"。具体而言:如果承运人明知收受的货物会给第三人造成损害,仍接受保函而签发清洁提单,就构成恶意;如果承运人对收受的货物是否符合提单的记载,无适当的方法进行核实,或是否会给收货人或提单持有人造成损害难以判断,承运人接受保函签发清洁提单就不构成恶意。

清洁提单保函又分为:

1)为解决对货物的重量/数量异议出具的保函:如承运人明知货物数量/重量与提单记载不符,仍然接受保函出具清洁提单——构成恶意;若承运人难以掌握收受货物的重量/数量,或对在卸港能否按提单记载的数量/重量交货产生怀疑,批注"在卸货港造成短少,承运人不负任何责任"字样,不构成不清洁提单,但托运人为避免银行不接受的风险,出具保函要求承运人删去批注——不构成恶意。

2)为解决货物表面状况争议出具的保函:a.承运人所收受货物外表的缺陷程度对货物内在质量的影响显而易见,承运人仍接受保函签发清洁提单——构成恶意;b.承运人与托运人的争议发生时,经公证部门对货物的外表缺陷与货物内在质量的联系进行验证，验证后证实两者联系紧密，承运人仍接受保函签发清洁提单——构成恶意;c.承运人对所收受货物的外表状况在提单上的记载情况。

清洁提单保函对托运人/卖方的影响:

1)托运人为顺利结汇出具清洁提单保函,要求承运人出具清洁提单。若货到卸港后承运人被收货人起诉,并作出了实际赔付:

保函有效:根据海上货物运输相关法律,承运人在赔付收货人时,可享受责任限制。承运人赔付后,根据保函要求托运人赔偿其对外赔付的数额,即相当于托运人间接地享受了承运人的海事赔偿责任限制的权利。

保函无效:承运人无权根据保函要求托运人履行保函上的义务。

2)若货到卸港后,收货人以贸易合同向托运人/卖方起诉,要求承担货损赔偿,则清洁提单可作为卖方已按约交付货物的初步证据,证明货物交付时表面状况良好。同时贸易合同通常约定"those claims for which the insurance companies and/or the shipping companies are to be held responsible"卖方不承担责任。因此,除非货物发生内在质量问题,否则卖方可凭此免除赔偿责任。

3)若货到卸港后,收货人向承运人起诉,承运人以"包装不良"为理由要求免责。包装良好是托运人的义务之一。主要指包装方式、强度或状态能够承受装卸和运送中发生或可能发生的正常风险。承运人在装船时如果发现货物包装存在缺陷,应该如实在提单上批注,否则承运人不能要求免责。

清洁提单保函对海上保险人的影响:

保险人依据清洁提单却不知有保函存在的情况下，对于锈蚀、水湿、破包等属于保险责任范围内的表面瑕疵，一般都会赔偿收货人，取得代位求偿权而向承运人索赔。但因为承运人享受海事赔偿责任，往往只需赔付一部分，导致保险人需自行承担多余部分的赔偿(但其实这部分赔偿原本应由托运人/卖方付出)。

同时，因为保函出具是在保险合同订立后，因此，根据保险法的相关规定，出具保函时已不负有"最大诚信"原则下的告知义务。

2.预借/倒签/顺签提单保函

最高人民法院民四庭《涉外商事海事审判实务问题解答（一）》（2004年5月）第140条规定："承运人预借提单或者倒签提单的情况下，引起提单持有人或者收货人提起赔偿请求，承运人不得援引《海商法》关于海事赔偿责任限制的规定限制其赔偿责任。除非承运人能证明提单不是其本人签发。"此类保函应被认为无效，理由是船东的行为属于故意参与发货人对善意提单持有人的欺诈(学理认为)。

3.转换提单保函

签发转换提单的原因主要有：政治原因造成的某些国家或地区间的无法直接通商、通航；为享受某国或地区给予他国或地区的税收等方面的优惠；为中间商保守商业秘密，控制一定的货源及赚取利润差等。

转换提单保函的效力主要取决于船东的行为是否属于故意参与发货人/中间商对进/出口国或地区或善意提单持有人(收货人)的欺诈。比如，船东在明知货家基于骗取国家出口退税的目的，通过伪造买卖文件等非法手段将天津运往厦门的货物故意虚拟为天津——香港——厦门的情况下，仍然应其要求签发了转换提单，则保函无效，还应对船东予以相应的处罚。

4.提货保函

信用证项下,买方凭开证行出具的银行保函提货:

1)出具给船东:表示在船东因该无单放货行为受到索赔时,会赔偿船东;

2)出具给船东:表示在船东因该无单放货行为受到索赔时,会赔偿船东,同时承诺会接受信用证下的所有不符点;

3)出具给船东和卖方:表示在船东因该无单放货行为收到索赔时,会赔偿船东,同时承诺会接受信用证下的所有不符点;

诉讼时效:

诉讼时效根据保函适用的法律不同而有所不同,就中国法而言:

《海商法》第257条规定:就海上货物运输向承运人要求赔偿的请求权,时效期间为1年,自承运人交付或者应当交付货物之日起计算;

在时效期间内或者时效期间届满后,被认定为负有责任的人向第三人提起追偿请求的,时效期间为90日,自追偿请求人解决原赔偿请求之日起或者收到受理对其本人提起诉讼的法院的起诉状副本之日起计算。

有关航次租船合同的请求权,时效期间为2年,自知道或者应知道权利被侵害之日起计算。

根据此条规定,托运人起诉承运人无单放货或者收货人起诉承运人货物不清洁的,应在承运人交付或者应当交付货物之日起1年内提起。而承运人被判承担赔偿责任后,向保函出具方提起追偿的90日的起算时间分两种情况:一种是原赔偿当事人通过非诉途径解决赔偿的,起算时间应为当事人自行解决之日或仲裁书生效之日；第二种是原赔偿当事人通过诉讼程序解决赔偿的，起算时间应为收到受理对追偿人提起诉讼的法院的起诉状副本之日。

同时，最高院2001年5月法释(2001)18号规定："根据《海商法》第257条第1款规定的精神，结合审判实践，托运人、收货人就沿海、内河货物运输合同向承运人要求赔偿的请求权，或者承运人就沿海、内河货物运输向托运人、收货人要求赔偿的请求权，时效期间为1年，自承运人交付货物之日起计算。"

据此，若承运人在被托运人或者收货人起诉之前就根据保函向保函出具方提起诉讼要求赔偿损失的(但其实这种情况下，因承运人并未对外作出赔付，其损失是虚的)，其诉讼时效为1年，自承运人交付货物之日起计算。

附录：

联合国国际货物销售合同公约

（1980 年 4 月 11 日订于维也纳）

本公约各缔约国,铭记联合国大会第六届特别会议通过的关于建立新的国际经济秩序的各项决议的广泛目标,考虑到在平等互利基础上发展国际贸易是促进各国间友好关系的一个重要因素,认为采用照顾到不同的社会、经济和法律制度的国际货物销售合同统一规则,将有助于减少国际贸易的法律障碍,促进国际贸易的发展,兹协议如下：

第一部分 适用范围和总则

第一章 适用范围

第一条

（1）本公约适用于营业地在不同国家的当事人之间所订立的货物销售合同：

（a）如果这些国家是缔约国；或

（b）如果国际私法规则导致适用某一缔约国的法律。

（2）当事人营业地在不同国家的事实，如果从合同或从订立合同前任何时候或订立合同时，当事人之间的任何交易或当事人透露的情报均看不出，应不予考虑。

（3）在确定本公约的适用时，当事人的国籍和当事人或合同的民事或商业性质，应不予考虑。

第二条

本公约不适用于以下的销售：

（a）购供私人、家人或家庭使用的货物的销售，除非卖方在订立合同前任何时候或订立合同时不知道而且没有理由知道这些货物是购供任何这种使用；

（b）经由拍卖的销售；

（c）根据法律执行令状或其他令状的销售；

（d）公债、股票、投资证券、流通票据或货币的销售；

（e）船舶、船只、气垫船或飞机的销售；

（f）电力的销售。

第三条

（1）供应尚待制造或生产的货物的合同应视为销售合同，除非订购货物的当事人保证供应这种制造或生产所需的大部分重要材料。

（2）本公约不适用于供应货物一方的绝大部分义务在于供应劳力或其他服务的合同。

第四条

本公约只适用于销售合同的订立和卖方、买方因此种合同而产生的权利和义务。特别是，本公约除非另有明文规定，与以下事项无关：

(a) 合同的效力,或其任何条款的效力,或任何惯例的效力;

(b) 合同对所售货物所有权可能产生的影响。

第五条

本公约不适用于卖方对于货物对任何人所造成的死亡或伤害的责任。

第六条

双方当事人可以不适用本公约,或在第十二条的条件下,减损本公约的任何规定或改变其效力。

第二章 总则

第七条

(1)在解释本公约时,应考虑到本公约的国际性质和促进其适用的统一以及在国际贸易上遵守诚信的需要。

(2)凡本公约未明确解决的属于本公约范围的问题,应按照本公约所依据的一般原则来解决,在没有一般原则的情况下,则应按照国际私法规定适用的法律来解决。

第八条

(1)为本公约的目的,一方当事人所作的声明和其他行为,应依照他的意旨解释,如果另一方当事人已知道或者不可能不知道此意旨。

(2)如果上一款的规定不适用,当事人所作的声明和其他行为,应按照一个与另一方当事人同等资格、通情达理的人处于相同情况中,应有的理解来解释。

(3)在确定一方当事人的意旨或一个通情达理的人应有的理解时,

应适当地考虑到与事实有关的一切情况，包括谈判情形、当事人之间确立的任何习惯做法、惯例和当事人其后的任何行为。

第九条

（1）双方当事人业已同意的任何惯例和他们之间确立的任何习惯做法，对双方当事人均有约束力。

（2）除非另有协议，双方当事人应视为已默示地同意对他们的合同或合同的订立适用双方当事人已知道或理应知道的惯例，而这种惯例，在国际贸易上，已为有关特定贸易所涉同类合同的当事人所广泛知道并为他们所经常遵守。

第十条

为本公约的目的：

（a）如果当事人有一个以上的营业地，则以与合同及合同的履行关系最密切的营业地为其营业地，但要考虑到双方当事人在订立合同前任何时候或订立合同时所知道或所设想的情况；

（b）如果当事人没有营业地，则以其惯常居住地为准。

第十一条

销售合同无须以书面订立或书面证明，在形式方面也不受任何其他条件的限制。销售合同可以用包括人证在内的任何方法证明。

第十二条

本公约第十一条、第二十九条或第二部分准许销售合同或其更改或根据协议终止，或者任何发价、接受或其他意旨表示得以书面以外任何形式做出的任何规定不适用，如果任何一方当事人的营业地是在已按照本公约第九十六条做出了声明的一个缔约国内，各当事人不得减损本条或改变其效力。

第十三条

为本公约的目的,"书面"包括电报和电传。

第二部分 合同的订立

第十四条

(1)向一个或一个以上特定的人提出的订立合同的建议,如果十分确定并且表明发价人在得到接受时承受约束的意旨,即构成发价。一个建议如果写明货物并且明示或暗示地规定数量和价格或规定如何确定数量和价格,即为十分确定。

(2)非向一个或一个以上特定的人提出的建议,仅应视为邀请做出发价,除非提出建议的人明确地表示相反的意向。

第十五条

(1)发价于送达被发价人时生效。

(2)一项发价,即使是不可撤销的,得予撤回,如果撤回通知于发价送达被发价人之前或同时,送达被发价人。

第十六条

(1)在未订立合同之前,发价得予撤销,如果撤销通知于被发价人发出接受通知之前送达被发价人。

(2)但在下列情况下,发价不得撤销:

(a)发价写明接受发价的期限或以其他方式表示发价是不可撤销的;或

(b) 被发价人有理由信赖该项发价是不可撤销的,而且被发价人已本着对该项发价的信赖行事。

第十七条

一项发价,即使是不可撤销的,于拒绝通知送达发价人时终止。

第十八条

(1)被发价人声明或做出其他行为表示同意一项发价,即是接受,缄默或不行动本身不等于接受。

(2)接受发价于表示同意的通知送达发价人时生效。如果表示同意的通知在发价人所规定的时间内,如未规定时间,在一段合理的时间内,未曾送达发价人,接受就成为无效,但须适当地考虑到交易的情况,包括发价人所使用的通讯方法的迅速程序。对口头发价必须立即接受,但情况有别者不在此限。

(3)但是,如果根据该项发价或依照当事人之间确立的习惯做法和惯例,被发价人可以做出某种行为,例如与发运货物或支付价款有关的行为,来表示同意,而无须向发价人发出通知,则接受于该项行为做出时生效,但该项行为必须在上一款所规定的期间内做出。

第十九条

(1)对发价表示接受但载有添加、限制或其他更改的答复,即为拒绝该项发价,并构成还价。

(2)但是,对发价表示接受但载有添加或不同条件的答复,如所载的添加或不同条件在实质上并不变更该项发价的条件,除发价人在不过分迟延的期间内以口头或书面通知反对其间的差异外,仍构成接受。如果发价人不做出这种反对,合同的条件就以该项发价的条件以及接受通知内所载的更改为准。

（3）有关货物价格、付款、货物质量和数量、交货地点和时间、一方当事人对另一方当事人的赔偿责任范围或解决争端等等的添加或不同条件,均视为在实质上变更发价的条件。

第二十条

（1）发价人在电报或信件内规定的接受期间,从电报交发时刻或信上载明的发信日期起算,如信上未载明发信日期,则从信封上所载日期起算。发价人以电话、电传或其他快速通讯方法规定的接受期间,从发价送达被发价人时起算。

（2）在计算接受期间时,接受期间内的正式假日或非营业日应计算在内。但是,如果接受通知在接受期间的最后 1 天未能送到发价人地址,因为那天在发价人营业地是正式假日或非营业日,则接受期间应顺延至下一个营业日。

第二十一条

（1）逾期接受仍有接受的效力,如果发价人毫不迟延地用口头或书面将此种意见通知被发价人。

（2）如果载有逾期接受的信件或其他书面文件表明,它是在传递正常、能及时送达发价人的情况下寄发的,则该项逾期接受具有接受的效力,除非发价人毫不迟延地用口头或书面通知被发价人:他认为他的发价已经失效。

第二十二条

接受得予撤回,如果撤回通知于接受原应生效之前或同时,送达发价人。

第二十三条

合同于按照本公约规定对发价的接受生效时订立。

第二十四条

为公约本部分的目的,发价、接受声明或任何其他意旨表示"送达"对方,系指用口头通知对方或通过任何其他方法送交对方本人,或其营业地或通讯地址,如无营业地或通讯地址,则送交对方惯常居住地。

第三部分 货物销售

第一章 总则

第二十五条

一方当事人违反合同的结果,如使另一方当事人蒙受损害,以至于实际上剥夺了他根据合同规定有权期待得到的东西,即为根本违反合同,除非违反合同一方并不预知而且一个同等资格、通情达理的人处于相同情况中也没有理由预知会发生这种结果。

第二十六条

宣告合同无效的声明,必须向另一方当事人发出通知,方始有效。

第二十七条

除非公约本部分另有明文规定,当事人按照本部分的规定,以适合情况的方法发出任何通知、要求或其他通知后,这种通知如在传递上发生耽搁或错误,或者未能到达,并不使该当事人丧失依靠该项通知的权利。

第二十八条

如果按照本公约的规定,一方当事人有权要求另一方当事人履行某一义务,法院没有义务做出判决,要求具体履行此一义务,除非法院依照其本身的法律对不属本公约范围的类似销售合同愿意这样做。

第二十九条

(1)合同只需双方当事人协议,就可更改或终止。

(2)规定任何更改或根据协议终止必须以书面做出的书面合同,不得以任何其他方式更改或根据协议终止。但是,一方当事人的行为,如经另一方当事人寄以信赖,就不得坚持此项规定。

第二章 卖方的义务

第三十条

卖方必须按照合同和本公约的规定,交付货物,移交一切与货物有关的单据并转移货物所有权。

第一节 交付货物和移交单据

第三十一条

如果卖方没有义务要在任何其他特定地点交付货物,他的交货义务如下:

(1)如果销售合同涉及到货物的运输,卖方应把货物移交给第一承运人,以运交给买方;

(2)在不属于上款规定的情况下,如果合同指的是特定货物或从特定存货中提取的或尚待制造或生产的未经特定化的货物,而双方当事人在订立合同时已知道这些货物是在某一特定地点,或将在某一特定地点制造或生产,卖方应在该地点把货物交给买方处置;

(3)在其他情况下,卖方应在他于订立合同时的营业地把货物交给买方处置。

第三十二条

（1）如果卖方按照合同或本公约的规定将货物交付给承运人，但货物没有以货物上加标记、或以装运单据或其他方式清楚地注明有关合同，卖方必须向买方发出列明货物的发货通知。

（2）如果卖方有义务安排货物的运输，他必须订立必要的合同，以按照通常运输条件，用适合情况的运输工具，把货物运到指定地点。

（3）如果卖方没有义务对货物的运输办理保险，他必须在买方提出要求时，向买方提供一切现有的必要资料，使他能够办理这种保险。

第三十三条

卖方必须按以下规定的日期交付货物：

（1）如果合同规定有日期，或从合同可以确定日期，应在该日期交货；

（2）如果合同规定有一段时间，或从合同可以确定一段时间，除非情况表明应由买方选定一个日期外，应在该段时间内任何时候交货；或者

（3）在其他情况下，应在订立合同后一段合理时间内交货。

第三十四条

如果卖方有义务移交与货物有关的单据，他必须按照合同所规定的时间、地点和方式移交这些单据。如果卖方在那个时间以前已移交这些单据，他可以在那个时间到达前纠正单据中任何不符合同规定的情形，但是，此一权利的行使不得使买方遭受不合理的不便或承担不合理的开支。但是，买方保留本公约所规定的要求损害赔偿的任何权利。

第二节 货物相符与第三方要求

第三十五条

(1)卖方交付的货物必须与合同所规定的数量、质量和规格相符,并须按照合同所规定的方式装箱或包装。

(2)除双方当事人业已另有协议外,货物除非符合以下规定,否则即为与合同不符:

(a)货物适用于同一规格货物通常使用的目的;

(b)货物适用于订立合同时曾明示或默示地通知卖方的任何特定目的,除非情况表明买方并不依赖卖方的技能和判断力,或者这种依赖对他是不合理的;

(c)货物的质量与卖方向买方提供的货物样品或样式相同;

(d)货物按照同类货物通用的方式装箱或包装,如果没有此种通用方式,则按照足以保全和保护货物的方式装箱或包装。

(3)如果买方在订立合同时知道或者不可能不知道货物不符合同,卖方就无须按上一款(a)项至(d)项负有此种不符合同的责任。

第三十六条

(1)卖方应按照合同和本公约的规定,对风险移转到买方时所存在的任何不符合同情形,负有责任,即使这种不符合同情形在该时间后方始明显。

(2)卖方对在上一款所述时间后发生的任何不符合同情形,也应负有责任,如果这种不符合同情形是由于卖方违反他的某项义务所致,包括违反关于在一段时间内货物将继续适用于其通常使用的目的或某种特定目的,或将保持某种特定质量或性质的任何保证。

第三十七条

如果卖方在交货日期前交付货物,他可以在那个日期到达前,交付任何缺漏部分或补足所交付货物的不足数量,或交付用以替换所交付不符合同规定的货物,或对所交付货物中任何不符合同规定的情形做出补救,但是,此一权利的行使不得使买方遭受不合理的不便或承担不合理的开支。但是,买方保留本公约所规定的要求损害赔偿的任何权利。

第三十八条

(1)买方必须在按情况实际可行的最短时间内检验货物或由他人检验货物。

(2)如果合同涉及到货物的运输,检验可推迟到货物到达目的地后进行。

(3)如果货物在运输途中改运或买方须再发运货物,没有合理机会加以检验,而卖方在订立合同时已知道或理应知道这种改运或再发运的可能性,检验可推迟到货物到达新目的地后进行。

第三十九条

(1)买方对货物不符合同,必须在发现或理应发现不符情形后一段合理时间内通知卖方,说明不符合同情形的性质,否则就丧失声称货物不符合同的权利。

(2)无论如何,如果买方不在实际收到货物之日起两年内将货物不符合同情形通知卖方,他就丧失声称货物不符合同的权利,除非这一时限与合同规定的保证期限不符。

第四十条

如果货物不符合同规定指的是卖方已知道或不可能不知道而又没有告知买方的一些事实，则卖方无权援引第三十八条和第三十九条的规定。

第四十一条

卖方所交付的货物，必须是第三方不能提出任何权利或要求的货物，除非买方同意在这种权利或要求的条件下，收取货物。但是，如果这种权利或要求是以工业产权或其他知识产权为基础的，卖方的义务应依照第四十二条的规定。

第四十二条

(1)卖方所交付的货物，必须是第三方不能根据工业产权或其他知识产权主张任何权利或要求的货物，但以卖方在订立合同时已知道或不可能不知道的权利或要求为限，而且这种权利或要求根据以下国家的法律规定是以工业产权或其他知识产权为基础的：

（a）如果双方当事人在订立合同时预期货物将在某一国境内转售或做其他使用，则根据货物将在其境内转售或做其他使用的国家的法律；或者

（b)在任何其他情况下，根据买方营业地所在国家的法律。

(2)卖方在上一款中的义务不适用于以下情况：

(a)买方在订立合同时已知道或不可能不知道此项权利或要求；或者

(b)此项权利或要求的发生，是由于卖方要遵照买方所提供的技术图样、图案、程式或其他规格。

第四十三条

（1）买方如果不在已知道或理应知道第三方的权利或要求后一段合理时间内,将此一权利或要求的性质通知卖方,就丧失援引第四十一条或第四十二条规定的权利。

（2）卖方如果知道第三方的权利或要求以及此一权利或要求的性质,就无权援引上一款的规定。

第四十四条

尽管有第三十九条第(1)款和第四十三条第(1)款的规定,买方如果对他未发出所需的通知具备合理的理由,仍可按照第五十条规定减低价格,或要求利润损失以外的损害赔偿。

第三节 卖方违反合同的补救办法

第四十五条

(1)如果卖方不履行他在合同和本公约中的任何义务,买方可以:

(a)行使第四十六条至第五十二条所规定的权利;

(b)按照第七十四条至第七十七条的规定,要求损害赔偿。

(2)买方可能享有的要求损害赔偿的任何权利,不因他行使采取其他补救办法的权利而丧失。

(3)如果买方对违反合同采取某种补救办法,法院或仲裁庭不得给予卖方宽限期。

第四十六条

(1)买方可以要求卖方履行义务,除非买方已采取与此一要求相抵触的某种补救办法。

（2）如果货物不符合同,买方只有在此种不符合同情形构成根本违反合同时,才可以要求交付替代货物,而且关于替代货物的要求,必须与依照第三十九条发出的通知同时提出，或者在该项通知发出后一段合理时间内提出。

（3）如果货物不符合同,买方可以要求卖方通过修理对不符合同之处做出补救,除非他考虑了所有情况之后,认为这样做是不合理的。修理的要求必须与依照第三十九条发出的通知同时提出，或者在该项通知发出后一段合理时间内提出。

第四十七条

（1）买方可以规定一段合理时限的额外时间,让卖方履行其义务。

（2）除非买方收到卖方的通知,声称他将不在所规定的时间内履行义务,买方在这段时间内不得对违反合同采取任何补救办法。但是,买方并不因此丧失他对迟延履行义务可能享有的要求损害赔偿的任何权利。

第四十八条

（1）在第四十九条的条件下,卖方即使在交货日期之后,仍可自付费用,对任何不履行义务做出补救,但这种补救不得造成不合理的迟延,也不得使买方遭受不合理的不便,或无法确定卖方是否将偿付买方预付的费用。但是,买方保留本公约所规定的要求损害赔偿的任何权利。

（2）如果卖方要求买方表明他是否接受卖方履行义务,而买方不在一段合理时间内对此一要求做出答复,则卖方可以按其要求中所指明的时间履行义务。买方不得在该段时间内采取与卖方履行义务相抵触的任何补救办法。

(3)卖方表明他将在某一特定时间内履行义务的通知,应视为包括根据上一款规定要买方表明决定的要求在内。

(4)卖方按照本条第(2)和第(3)款做出的要求或通知,必须在买方收到后,始生效力。

第四十九条

(1)买方在以下情况下可以宣告合同无效:

(a)卖方不履行其在合同或本公约中的任何义务,等于根本违反合同;或

(b)如果发生不交货的情况,卖方不在买方按照第四十七条第(1)款规定的额外时间内交付货物,或卖方声明他将不在所规定的时间内交付货物。

(2)但是,如果卖方已交付货物,买方就丧失宣告合同无效的权利,除非:

(a)对于迟延交货,他在知道交货后一段合理时间内这样做;

(b)对于迟延交货以外的任何违反合同事情:

他在已知道或理应知道这种违反合同后一段合理时间内这样做;或

他在买方按照第四十七条第(1)款规定的任何额外时间满期后,或在卖方声明他将不在这一额外时间履行义务后一段合理时间内这样做;或

他在卖方按照第四十八条第(2)款指明的任何额外时间满期后,或

在买方声明他将不接受卖方履行义务后一段合理时间内这样做。

第五十条

如果货物不符合同,不论价款是否已付,买方都可以减低价格,减价按实际交付的货物在交货时的价值与符合合同的货物在当时的价值两者之间的比例计算。但是,如果卖方按照第三十七条或第四十八条的规定对任何不履行义务做出补救,或者买方拒绝接受卖方按照该两条规定履行义务,则买方不得减低价格。

第五十一条

(1)如果卖方只交付一部分货物,或者交付的货物中只有一部分符合合同规定,第四十六条至第五十条的规定适用于缺漏部分及不符合同规定部分的货物。

(2)买方只有在完全不交付货物或不按照合同规定交付货物等于根本违反合同时,才可以宣告整个合同无效。

第五十二条

(1)如果卖方在规定的日期前交付货物,买方可以收取货物,也可以拒绝收取货物。

(2)如果卖方交付的货物数量大于合同规定的数量,买方可以收取也可以拒绝收取多交部分的货物。如果买方收取多交部分货物的全部或一部分,他必须按合同价格付款。

第三章 买方的义务

第五十三条

买方必须按照合同和本公约规定支付货物价款和收取货物。

第一节 支付价款

第五十四条

买方支付价款的义务包括根据合同或任何有关法律和规章规定的步骤和手续,以便支付价款。

第五十五条

如果合同已有效的订立,但没有明示或暗示地规定价格或规定如何确定价格,在没有任何相反表示的情况下,双方当事人应视为已默示地引用订立合同时此种货物在有关贸易的类似情况下销售的通常价格。

第五十六条

如果价格是按货物的重量规定的,如有疑问,应按净重确定。

第五十七条

(1)如果买方没有义务在任何其他特定地点支付价款,他必须在以下地点向卖方支付价款:

(a)卖方的营业地;或者

(b)如凭移交货物或单据支付价款,则为移交货物或单据的地点。

(2)卖方必须承担因其营业地在订立合同后发生变动而增加的支付方面的有关费用。

第五十八条

(1)如果买方没有义务在任何其他特定时间内支付价款,他必须于卖方按照合同和本公约规定将货物或控制货物处置权的单据交给买方处置时支付价款。卖方可以支付价款作为移交货物或单据的条件。

（2）如果合同涉及到货物的运输,卖方可以在支付价款后方可把货物或控制货物处置权的单据移交给买方作为发运货物的条件。

（3）买方在未有机会检验货物前,无义务支付价款,除非这种机会与双方当事人议定的交货或支付程序相抵触。

第五十九条

买方必须按合同和本公约规定的日期或从合同和本公约可以确定的日期支付价款,而无须卖方提出任何要求或办理任何手续。

第二节 收取货物

第六十条

买方收取货物的义务如下:

采取一切理应采取的行动,以期卖方能交付货物;和接收货物。

第三节 买方违反合同的补救办法

第六十一条

（1）如果买方不履行他在合同和本公约中的任何义务,卖方可以:

(a)行使第六十二条至第六十五条所规定的权利;

(b)按照第七十四至第七十七条的规定,要求损害赔偿。

（2）卖方可能享有的要求损害赔偿的任何权利,不因他行使采取其他补救办法的权利而丧失。

（3）如果卖方对违反合同采取某种补救办法,法院或仲裁庭不得给予买方宽限期。

第六十二条

卖方可以要求买方支付价款、收取货物或履行他的其他义务,除非卖方已采取与此一要求相抵触的某种补救办法。

第六十三条

(1)卖方可以规定一段合理时限的额外时间,让买方履行义务。

(2)除非卖方收到买方的通知,声称他将不在所规定的时间内履行义务,卖方不得在这段时间内对违反合同采取任何补救办法。但是,卖方并不因此丧失他对迟延履行义务可能享有的要求损害赔偿的任何权利。

第六十四条

(1)卖方在以下情况下可以宣告合同无效:

(a)买方不履行其在合同或本公约中的任何义务,等于根本违反合同;或

(b)买方不在卖方按照第六十三条第(1)款规定的额外时间内履行支付价款的义务或收取货物,或买方声明他将不在所规定的时间内这样做。

(2)但是,如果买方已支付价款,卖方就丧失宣告合同无效的权利,除非:

(a)对于买方迟延履行义务,他在知道买方履行义务前这样做;或者

(b)对于买方迟延履行义务以外的任何违反合同事情:

他在已知道或理应知道这种违反合同后一段合理时间内这样

做;或

他在卖方按照第六十三条第(1)款规定的任何额外时间满期后或在买方声明他将不在这一额外时间内履行义务后一段合理时间内这样做。

第六十五条

(1)如果买方应根据合同规定订明货物的形状、大小或其他特征,而他在议定的日期或在收到卖方的要求后一段合理时间内没有订明这些规格,则卖方在不损害其可能享有的任何其他权利的情况下,可以依照他所知的买方的要求,自己订明规格。

(2)如果卖方自己订明规格,他必须把订明规格的细节通知买方,而且必须规定一段合理时间,让买方可以在该段时间内订出不同的规格。如果买方在收到这种通知后没有在该段时间内这样做,卖方所订的规格就具有约束力。

第四章 风险移转

第六十六条

货物在风险移转到买方承担后遗失或损坏,买方支付价款的义务并不因此解除,除非这种遗失或损坏是由于卖方的行为或不行为所造成。

第六十七条

(1)如果销售合同涉及到货物的运输,但卖方没有义务在某一特定地点交付货物,自货物按照销售合同交付给第一承运人以转交给买方时起,风险就移转到买方承担。如果卖方有义务在某一特定地点把货物交付给承运人,在货物于该地点交付给承运人以前,风险不移转到买方承担。卖方受权保留控制货物处置权的单据,并不影响风险的移转。

(2)但是,在货物以货物上加标记或以装运单据、或向买方发出通知或其他方式清楚地注明有关合同以前,风险不移转到买方承担。

第六十八条

对于在运输途中销售的货物,从订立合同时起,风险就移转到买方承担。但是,如果情况表明有此需要,从货物交付给签发载有运输合同单据的承运人时起,风险就由买方承担。尽管如此,如果卖方在订立合同时已知道或理应知道货物已经遗失或损坏,而他又不将这一事实告知买方,则这种遗失或损坏应由卖方负责。

第六十九条

(1)在不属于第六十七条和第六十八条规定的情况下,从买方接收货物时起,或如果买方不在适当时间内这样做,则从货物交给他处置但他不收取货物从而违反合同时起,风险移转到买方承担。

(2)但是,如果买方有义务在卖方营业地以外的某一地点接收货物,当交货时间已到而买方知道货物已在该地点交给他处置时,风险方始移转。

(3)如果合同指的是当时未加识别的货物,则这些货物在未清楚注明有关合同以前,不得视为已交给买方处置。

第七十条

如果卖方已根本违反合同第六十七条、第六十八条和第六十九条的规定,不损害买方因此种违反合同而可以采取的各种补救办法。

第五章 卖方和买方义务的一般规定

第一节 预期违反合同和分批交货合同

第七十一条

(1)如果订立合同后,另一方当事人由于下列原因显然将不履行其大部分重要义务,一方当事人可以中止履行义务:

(a)他履行义务的能力或他的信用有严重缺陷;或

(b)他在准备履行合同或履行合同中的行为。

(2)如果卖方在上一款所述的理由明显化以前已将货物发运,他可以阻止将货物交给买方,即使买方持有其有权获得货物的单据。本款规定只与买方和卖方间对货物的权利有关。

(3)中止履行义务的一方当事人不论是在货物发运前还是发运后,都必须立即通知另一方当事人,如经另一方当事人对履行义务提供充分保证,则他必须继续履行义务。

第七十二条

(1)如果在履行合同日期之前,明显看出一方当事人将根本违反合同,另一方当事人可以宣告合同无效。

(2)如果时间许可,打算宣告合同无效的一方当事人必须向另一方当事人发出合理的通知,使他可以对履行义务提供充分保证。

(3)如果另一方当事人已声明他将不履行其义务,则上一款的规定不适用。

第七十三条

（1）对于分批交付货物的合同,如果一方当事人不履行对任何一批货物的义务,便对该批货物构成根本违反合同,则另一方当事人可以宣告合同对该批货物无效。

（2）如果一方当事人不履行对任何一批货物的义务,使另一方当事人有充分理由断定对今后各批货物将会发生根本违反合同,该另一方当事人可以在一段合理时间内宣告合同今后无效。

（3）买方宣告合同对任何一批货物的交付为无效时,可以同时宣告合同对已交付的或今后交付的各批货物均为无效,如果各批货物是互相依存的,不能单独用于双方当事人在订立合同时所设想的目的。

第二节 损害赔偿

第七十四条

一方当事人违反合同应负的损害赔偿额,应与另一方当事人因他违反合同而遭受的包括利润在内的损失额相等。这种损害赔偿不得超过违反合同一方在订立合同时,依照他当时已知道或理应知道的事实和情况,对违反合同预料到或理应预料到的可能损失。

第七十五条

如果合同被宣告无效,而在宣告无效后一段合理时间内,买方已以合理方式购买替代货物,或者卖方已以合理方式把货物转卖,则要求损害赔偿的一方可以取得合同价格和替代货物交易价格之间的差额以及按照第七十四条规定可以取得的任何其他损害赔偿。

第七十六条

（1）如果合同被宣告无效,而货物又有时价,要求损害赔偿的一方,如果没有根据第七十五条规定进行购买或转卖，则可以取得合同规定的价格和宣告合同无效时的时价之间的差额以及按照第七十四条规定可以取得的任何其他损害赔偿。但是，如果要求损害赔偿的一方在接收货物之后宣告合同无效，则应适用接收货物时的时价，而不适用宣告合同无效时的时价。

（2）为上一款的目的，时价指原应交付货物地点的现行价格，如果该地点没有时价，则指另一合理替代地点的价格，但应适当地考虑货物运费的差额。

第七十七条

声称另一方违反合同的一方，必须按情况采取合理措施，减轻由于该另一方违反合同而引起的损失，包括利润方面的损失。如果他不采取这种措施，违反合同一方可以要求从损害赔偿中扣除原可以减轻的损失数额。

第三节 利息

第七十八条

如果一方当事人没有支付价款或任何其他拖欠金额，另一方当事人有权对这些款额收取利息，但不妨碍要求按照第七十四条规定可以取得的损害赔偿。

第四节 免责

第七十九条

（1）当事人对不履行义务，不负责任，如果他能证明此种不履行义务,是由于某种非他所能控制的障碍,而且对于这种障碍,没有理由预期他在订立合同时能考虑到或能避免或克服它或它的后果。

（2）如果当事人不履行义务是由于他所雇用履行合同的全部或一部分规定的第三方不履行义务所致,该当事人只有在以下情况下才能免除责任:

（a）他按照上一款的规定应免除责任,和

（b）假如该项的规定也适用于他所雇用的人,这个人也同样会免除责任。

（3）本条所规定的免责对障碍存在的期间有效。

（4）不履行义务的一方必须将障碍及其对他履行义务能力的影响通知另一方。如果该项通知在不履行义务的一方已知道或理应知道此一障碍后一段合理时间内仍未为另一方收到,则他对由于另一方未收到通知而造成的损害应负赔偿责任。

（5）本条规定不妨碍任何一方行使本公约规定的要求损害赔偿以外的任何权利。

第八十条

一方当事人因其行为或不行为而使得另一方当事人不履行义务时,不得声称该另一方当事人不履行义务。

第五节 宣告合同无效的效果

第八十一条

（1）宣告合同无效解除了双方在合同中的义务,但应负责的任何损害赔偿仍应负责。宣告合同无效不影响合同关于解决争端的任何规定,也不影响合同中关于双方在宣告合同无效后权利和义务的任何其他规定。

(2)已全部或局部履行合同的一方,可以要求另一方归还他按照合同供应的货物或支付的价款,如果双方都须归还,他们必须同时这样做。

第八十二条

(1)买方如果不可能按实际收到货物的原状归还货物,他就丧失宣告合同无效或要求卖方交付替代货物的权利。

(2)上一款的规定不适用于以下情况:

(a) 如果不可能归还货物或不可能按实际收到货物的原状归还货物,并非由于买方的行为或不行为所造成;或者

(b)如果货物或其中一部分的毁灭或变坏,是由于按照第三十八条规定进行检验所致;或者

(c)如果货物或其中一部分,在买方发现或理应发现与合同不符以前,已为买方在正常营业过程中售出,或在正常使用过程中消费或改变。

第八十三条

买方虽然依第八十二条规定丧失宣告合同无效或要求卖方交付替代货物的权利,

但是根据合同和本公约规定,他仍保有采取一切其他补救办法的权利。

第八十四条

(1)如果卖方有义务归还价款,他必须同时从支付价款之日起支付

价款利息。

(2)在以下情况下,买方必须向卖方说明他从货物或其中一部分得到的一切利益:

(a)如果他必须归还货物或其中一部分;或者

(b)如果他不可能归还全部或一部分货物,或不可能按实际收到货物的原状归还全部或一部分货物,但他已宣告合同无效或已要求卖方支付替代货物。

第六节 保全货物

第八十五条

如果买方推迟收取货物,或在支付价款和交付货物应同时履行时,买方没有支付价款,而卖方仍拥有这些货物或仍能控制这些货物的处置权,卖方必须按情况采取合理措施,以保全货物。他有权保有这些货物,直至买方把他所付的合理费用偿还他为止。

第八十六条

(1)如果买方已收到货物,但打算行使合同或本公约规定的任何权利,把货物退回,他必须按情况采取合理措施,以保全货物。他有权保有这些货物,直至卖方把他所付的合理费用偿还给他为止。

(2)如果发运给买方的货物已到达目的地,并交给买方处置,而买方行使退货权利,则买方必须代表卖方收取货物,除非他这样做需要支付价款而且会使他遭受不合理的不便或需承担不合理的费用。如果卖方或受权代表他掌管货物的人也在目的地,则此一规定不适用。如果买方根据本款规定收取货物,他的权利和义务与上一款所规定的相同。

第八十七条

有义务采取措施以保全货物的一方当事人，可以把货物寄放在第三方的仓库,由另一方当事人担负费用,但该项费用必须合理。

第八十八条

（1）如果另一方当事人在收取货物或收回货物或支付价款或保全货物费用方面有不合理的迟延，按照第八十五条或第八十六条规定有义务保全货物的一方当事人,可以采取任何适当办法,把货物出售,但必须事前向另一方当事人发出合理的意向通知。

（2）如果货物易于迅速变坏，或者货物的保全牵涉到不合理的费用，则按照第八十五条或第八十六条规定有义务保全货物的一方当事人,必须采取合理措施,把货物出售,在可能的范围内,他必须把出售货物的打算通知另一方当事人。

（3）出售货物的一方当事人,有权从销售所得收入中扣回为保全货物和销售货物而付的合理费用。他必须向另一方当事人说明所余款项。

第四部分 最后条款

第八十九条

兹指定联合国秘书长为本公约保管人。

第九十条

本公约不优于业已缔结或可以缔结并载有与属于本公约范围内事项有关的条款的任何国际协定，但以双方当事人的营业地均在这种协定的缔约国内为限。

第九十一条

（1）本公约在联合国国际货物销售合同会议闭幕会议上开放签字，并在纽约联合国总部继续开放签字，直至 1981 年 9 月 30 日为止。

（2）本公约须经签字国批准、接受或核准。

（3）本公约从开放签字之日起开放给所有非签字国加入。

（4）批准书、接受书、核准书和加入书应送交联合国秘书长存放。

第九十二条

（1）缔约国可在签字、批准、接受、核准或加入时声明他不受本公约第二部分的约束或不受本公约第三部分的约束。

（2）按照上一款规定就本公约第二部分或第三部分做出声明的缔约国，在该声明适用的部分所规定事项上，不得视为本公约第一条第（1）款范围内的缔约国。

第九十三条

（1）如果缔约国具有两个或两个以上的领土单位，而依照该国宪法规定、各领土单位对本公约所规定的事项适用不同的法律制度，则该国得在签字、批准、接受、核准或加入时声明本公约适用于该国全部领土单位或仅适用于其中的一个或数个领土单位，并且可以随时提出另一声明来修改其所做的声明。

（2）此种声明应通知保管人，并且明确地说明适用本公约的领土单位。

（3）如果根据按本条做出的声明，本公约适用于缔约国的一个或数个但不是全部领土单位，而且一方当事人的营业地位于该缔约国内，则为本公约的目的，该营业地除非位于本公约适用的领土单位内，否则视为不在缔约国内。

(4)如果缔约国没有按照本条第(1)款做出声明,则本公约适用于该国所有领土单位。

第九十四条

(1) 对属于本公约范围的事项具有相同或非常近似的法律规则的两个或两个以上的缔约国,可随时声明本公约不适用于营业地在这些缔约国内的当事人之间的销售合同,也不适用于这些合同的订立。此种声明可联合做出,也可以相互单方面声明的方式做出。

(2) 对属于本公约范围的事项具有与一个或一个以上非缔约国相同或非常近似的法律规则的缔约国,可随时声明本公约不适用于营业地在这些非缔约国内的当事人之间的销售合同,也不适用于这些合同的订立。

(3)作为根据上一款所做声明对象的国家如果后来成为缔约国,这项声明从本公约对该新缔约国生效之日起,具有根据第(1)款所做声明的效力,但以该新缔约国加入这项声明,或做出相互单方面声明为限。

第九十五条

任何国家在交存其批准书、接受书、核准书或加入书时,可声明它不受本公约第一条第(1)款(b)项的约束。

第九十六条

本国法律规定销售合同必须以书面订立或书面证明的缔约国,可以随时按照第十二条的规定,声明本公约第十一条、第二十九条或第二部分准许销售合同或其更改或根据协议终止,或者任何发价、接受或其他意旨表示得以书面以外任何形式做出的任何规定不适用,如果任何一方当事人的营业地是在该缔约国内。

第九十七条

(1)根据本公约规定在签字时做出的声明,须在批准、接受或核准时加以确认。

(2)声明和声明的确认,应以书面提出,并应正式通知保管人。

(3)声明在本公约对有关国家开始生效时同时生效。但是,保管人于此种生效后收到正式通知的声明,应于保管人收到声明之日起6个月后的第1个月第1天生效。根据第九十四条规定做出的相互单方面声明,应于保管人收到最后一份声明之日起6个月后的第1个月第1天生效。

(4)根据本公约规定做出声明的任何国家可以随时用书面正式通知保管人撤回该项声明。此种撤回于保管人收到通知之日起6个月后的第1个月第1天生效。

(5)撤回根据第九十四条做出的声明,自撤回生效之日起,就会使另一国家根据该条所做的任何相互声明失效。

第九十八条

除本公约明文许可的保留外,不得作任何保留。

第九十九条

(1)在本条第(6)款规定的条件下,本公约在第十件批准书、接受书、核准书或加入书、包括载有根据第九十二条规定做出的声明的文书交存之日起12月后的第1个月第1天生效。

(2)在本条第(6)款规定的条件下,对于在第10件批准书、接受书、核准书或加入书交存后才批准、接受、核准或加入本公约的国家,本公约在该国交存其批准书、接受书、核准书或加入书之日起 12 个月后的第 1 个月第 1 天对该国生效,但不适用的部分除外。

(3)批准、接受、核准或加入本公约的国家,如果是 1964 年 7 月 1 日海牙签订的《关于国际货物销售合同的订立统一法公约》(《1964 年海牙订立合同公约》)和 1964 年 7 月 1 日在海牙签订的《关于国际货物销售统一法的公约》(《1964 年海牙货物销售公约》) 中一项或两项公约的缔约国。应按情况同时通知荷兰政府声明退出《1964 年海牙货物销售公约》或《1964 年海牙订立合同公约》)或退出该两公约。

(4)凡为《1964 年海牙货物销售公约》缔约国并批准、接受、核准或加入本公约和根据第九十二条规定声明或业已声明不受本公约第二部分约束的国家,应于批准、接受、核准或加入时通知荷兰政府声明退出《1964 年海牙货物销售公约》。

(5)凡为《1964 年海牙订立合同公约》缔约国并批准、接受、核准或加入本公约和根据第九十二条规定声明或业已声明不受本公约第三部分约束的国家,应于批准、接受、核准或加入时通知荷兰政府声明退出《1964 年海牙订立合同公约》。

(6)为本条的目的,《1964 年海牙订立合同公约》或《1964 年海牙货物销售公约》的缔约国的批准、接受、核准或加入本公约,应在这些国家按照规定退出该两公约生效后方始生效。本公约保管人应与 1964 年两公约的保管人荷兰政府进行协商,以确保在这方面进行必要的协调。

第一百条

(1)本公约适用于合同的订立,只要订立该合同的建议是在本公约对第一条第(1)款(a)项所指缔约国或第一条第(1)款(b)项所指缔约国生效之日或其后作出的。

(2)本公约只适用于在它对第一条第(1)款(a)项所指缔约国或第一条第(1)款(b)项所指缔约国生效之日或其后订立的合同。

第一百零一条

(1)缔约国可以用书面正式通知保管人声明退出本公约,或本公约第二部分或第三部分。

(2)退出于保管人收到通知12个月后的第1个月第1天起生效。凡通知内订明一段退出生效的更长时间,则退出于保管人收到通知后该段更长时间满时起生效。

1980年4月11日订于维也纳,正本1份,其阿拉伯文本、中文本、英文本、法文本、俄文本和西班牙文本都具有同等效力。

下列全权代表,经各自政府正式授权,在本公约上签字,以资证明。

本公约于1988年1月1日生效。

1981年9月30日中华人民共和国政府代表签署本公约,1986年12月11日交存核准书。核准书中载明,中国不受公约第一条第(1)款(d)、第十一条及与第十一条内容有关的规定的约束。

《联合国国际货物销售合同公约》是联合国国际贸易法委员会(UNCIT‐RAL)于1980年4月11日在维也纳召开的外交会议上通过的。该公约于1988年1月1日生效。目前批准加入和认可该公约的国家有32个国家,它们是:

阿根廷①、澳大利亚、奥地利、保加利亚、白俄罗斯苏维埃社会主义共和国、加拿大⑧⑨、智利①、中国②、捷克斯洛伐克③、丹麦④、⑤、埃及、芬兰④⑤、法国、法国⑦、加纳、几内亚、匈牙利①、伊拉克、意大利、莱索托、墨西哥、荷兰、挪威④⑤、波兰、罗马尼亚、新加坡、瑞典④、⑤、瑞士、阿拉伯叙利亚共和国、美利坚合众国③、委内瑞拉、乌克兰苏维埃社会主义共和国①、前苏联①、南斯拉夫、赞比亚。

上述国别后之序号代表该国在加入公约时所做的声明和保留内容,具体如下:

①阿根廷、白俄罗斯苏维埃社会主义共和国、智利、匈牙利和乌克兰苏维埃社会主义共和国政府在批准该公约时根据公约第十二条和第九十六条规定声明,公约第十一条、第二十九条或第二部分任何条款凡准予以书面形式以外的任何形式签订销售合同或根据协议对其进行修改或予以终止,或进行报价、认可或表示意向者不适用于在它们各自国家内设有营业点的任何当事方。

②中国政府在认可公约时宣布,它不受第一条第(1)款(b)项和第十一条的约束,也不受公约内与第十一条内容有关的规定的约束。

③捷克斯洛伐克政府和美利坚合众国政府在批准公约时宣布,它们不受第一条第一款(b)项的约束。

④丹麦、芬兰、挪威和瑞典政府在批准公约时根据第九十二条第(1)款的规定宣布,它们不受公约第二部分(合同的订立)的约束。

⑤丹麦、芬兰、挪威和瑞典政府在批准公约时根据第九十四条第(1)款和第(2)款声明,公约不适用于营业地点设在丹麦、芬兰、瑞典、冰岛或挪威的当事方的销售合同。

⑥匈牙利政府在批准公约时声明,它认为经济互助委员会各成员国组织之间交货的共同条件应受公约第九十条规定的约束。

⑦德国政府在批准公约时宣布,对于已经声明不适用第一条第(1)

款(b)项的任何国家,它将不适用第一条第(1)款(b)项。

⑧加拿大政府在加入该公约时宣布,根据该公约第九十三条,该公约不适用于艾伯塔、不列颠哥伦比亚,曼尼托巴、新不伦瑞克、纽芬兰、新斯科舍、安大略、受德华太子岛和西北地区。

⑨加拿大政府在加入该公约时宣布,根据该公约第九十五条,就不列颠哥伦比亚而言,加拿大不受该公约第一条第(1)款(b)项的约束。

中国政府于1981年9月30日在公约上签字并于1986年12月11日批准该公约。

前德意志民主共和国1981年8月13日签署,1989年2月23日批准了该公约;公约于1990年3月1日生效。